現代中国語
潜在的否定表現の研究

李貞愛 著

朝日出版社

序

ことばを使用する日常生活において、同じ意味であっても、異なる言語形式を用いる場合がよくある。

A： 那个女孩儿是你女朋友吧？
(あの女の子はきみの彼女なんだろう？)
B1：她**不**是我女朋友，她是我妹妹。(彼女じゃない、俺の妹だよ。)
B2：**什么**女朋友？她是我妹妹。(何が彼女だよ！俺の妹だよ。)
B3：她是我妹妹。(彼女は俺の妹だよ。)

B1、B2、B3 はいずれも A の“那个女孩儿是你女朋友”という命題に対する否定である。しかし形式的には、B1 は否定副詞“不”を用いており、B2 は疑問詞“什么”を用いて命題に対する否定を実現している。B3 は単なる平叙文であるが、この会話の場面に限って“她不是我女朋友”という意味を含意すると解釈される。

このように、私たちが否定と認識するものは非常に複雑で多様である。

否定はどの言語にもある現象で、我々は日常生活の中で無意識に使っている。ただ、一歩否定に深入りすると、否定とは何か、否定はどのように表されるか、否定のスコープ（否定の働きが及ぶ範囲）はどこまで広いのか、否定の程度の差はどうなっているかなどの問いが次から次へと出てくるため、否定の世界は無限に広く、深いように感じる。言語学において、否定は常に注目を浴びる存在として、統語論、意味論、語用論の領域で多くの研究がなされ、その成果から、否定は文法的否定に限らない、文法的否定は常に命題の真理値の反転ではない、ということを我々はすでに言語事実として認識している。

しかし一方で、否定は否定詞以外に、どのような言語的手段で表され、その言語的手段はどのような意味を持ち、発話の中でどのような働きをするのかについては、もう少し記述と分析がほしいところである。これは、否定の問題を捉える際の「否定とは何か」という根本的な問いに一歩近づける可能性を秘めていると考えられる。

本書は、上述のような考えに基づいた、現代中国語の潜在的否定に関する筆者の研究成果をまとめたものである。構想は筆者の博士論文「現代中国語の潜在的否定についての研究」を受け継いでいる。潜在的否定は、統語論というカテゴリーを超えて、意味論・語用論とより強い関連性があるため、分析の際、単文単位ではなく、潜在的否定表現とその前後の文脈との関連性に注目しながら、実証的、理論的分析を行なっている。本書は全部で11章から構成され、第1章から第6章と第9章から第11章は、これまで学術誌や学会誌に掲載した論文を元に加筆修正を加えたもので、第7章と第8章は学術誌と学会誌に掲載した論文を収録した。なお、各章で引用した用例は出典を用例の末尾に明記しているが、出典を記載していないものは筆者の作例である。

言語学は科学の1分野として、人間の言語の普遍性を明らかにすることを目的とするが、この普遍性は、多様性及び特殊性を有する様々な言語に現れている。本書が言語による否定のうち、否定詞を用いない潜在的否定に潜む普遍性の解明に少しでも寄与できれば幸いである。

本書は、2022年度桜美林大学学術研究振興費の出版助成を受けたものである。また刊行に当たって、朝日出版社の田家昇様と近藤千明様から丁寧なご助言をいただいた。併せてこの場を借りて感謝申し上げる。

2023年2月

李貞愛

目　次

中国語の潜在的否定について[1]

1. はじめに

言語を特徴づける要素の一つとして否定が挙げられる。しかし私たちが否定として認識するものは(1)と(2)が示すように、複雑で多様である。

(1) 她**不**在公司。(彼女は会社にいない。)
(2) 我**以为**她在公司。
(私は彼女が会社にいると思っていた＝実際彼女は会社にいなかった。)

(1)は否定副詞“不”があり、“她在公司”という命題に対する否定を表す。(1)は明示的形式としての否定（文法的否定）である。それに対し、(2)は否定副詞はないが、(1)と同様、“她在公司”という命題に対する否定を表す。

言語は形式と意味との結びつきで成り立つが、形式と意味は必ずしも一対一の対応関係ではない。文中に否定詞がなくても否定を表す言語事実は正にこれを語っている。

2. 否定と言語形式

否定は、(1)のように否定詞を用いて表す場合もあれば、(2)のように

1 本章は李貞愛 2008.「中国語の否定について」,『言語・文化・コミュニケーション 慶應義塾大学日吉紀要』No40, pp173–190. を元に加筆修正したものである。

否定詞を用いず、代わりに別の言語形式をもって表す場合もある。本書では、前者を「明示的否定」とし、後者を「非明示的否定」とする。

2.1　明示的否定

「明示的否定」は否定詞を用いる。現代中国語において、否定詞は否定副詞として用いられる“不”“没(有)”“别”“不用”“甭”などが挙げられる。文中にこれらの否定副詞があれば、以下の例文が示すように、否定文として認識される。

(3) a　我今天**不**去学校。(私は今日学校に行かない。)
　　b　我今天去学校。(私は今日学校に行く。)
(4) a　她**没有**结婚。(彼女は結婚しなかった。)
　　b　她结婚了。(彼女は結婚した。)
(5) a　你**别**去！(行かないでください。)
　　b　你去吧。(行ってください。)

否定文(3) a、(4) a、(5) a は肯定文(3) b、(4) b、(5) b と違って、先行文脈がなければ最初の発話文として適切ではないと判断される。(3) a、(4) a、(5) a が適切な発話として成立するためには、対応する肯定命題を表す(3) b、(4) b、(5) b の存在が必要である。

2.2　非明示的否定

「非明示的否定」は否定詞を用いず否定を実現できる。本書では「非明示的否定」をさらに3つのタイプに分けて考える。

2.2.1　暗示的否定

否定は(6)(7)(8)の例が示すように、否定的意味が内蔵されている語彙(またはフレーズ)を用いて表される場合がある。本書ではこのような否定を「暗示的否定」と呼ぶ[2]。

(6) 小王今天**缺席**。(王さんは今日欠席だ。)
(7) 他**拒绝**了对方的邀请。(彼は相手の誘いを断った。)
(8) 我们**很难**满足你的要求。
(私たちはご希望に添えることができません。)

(6)の"缺席"は語彙的意味が"开会或上课时没有到[3]"(会議または授業に出席していない)であり、すでに否定的意味を含んでいる。(7)の"拒绝"は"不接受(请求、意见或赠礼)[4]"(申し出、意見または贈り物を受け入れない、拒否する)の意味で、こちらも否定的意味が内在している。(8)の"很难"は程度副詞"很"(とても)に形容詞"难"(難しい)が加わった形(フレーズ)であるが、「〜することがとても難しい、できない」という否定的意味を含んでいる。

2.2.2 潜在的否定

本書では前掲(2)のようなタイプを「潜在的否定」とする。このようなタイプは「非明示的否定」としてまず文中に否定詞が現れないのが特徴である。そして2.2.1で述べた「暗示的否定」のように否定的意味が語彙に内蔵されてもいない。しかし否定の意味と機能を有することは確かである。(9)(10)(11)を見よう。

(9) A:我今天穿的这条裙子漂亮吧?
(私が今日穿いたこのスカート、かわいいでしょう?)
B:**什么**裙子呀?(何このスカート!)

---

2 このような否定のタイプは石毓智1992でも指摘されている。石毓智1992では否定的意味が内蔵されている語彙と反語文などを一括して"隐性否定"(潜在的否定)としているが、本書ではそのような扱いはしない。否定的意味が内蔵されている語彙による否定は意味論的否定であり、反語文は語用論的否定であるため、否定のレベルが異なると考えている。

3 《现代汉语词典》(第5版)2005。

4 《现代汉语词典》(第5版)2005。

（10） A：他这样做就是不对，太气人了！
（彼のやり方は間違っている。本当に腹が立つ！）
B：**好了好了**，我让他跟你道歉。
（わかったわかった。きみに謝るように彼に言っておくよ。）

（11） A：八点了，太晚了，我得回家了。
（8時だ。だいぶ遅いから、もう家に帰らないと。）
B：**オ**八点，再聊一会儿。
（まだ8時だよ。もう少し話をしよう。）

(9) Bの“什么裙子呀？”はAの発話にある“裙子”を引用しながら、「このスカートはかわいくない」という否定的意味を表す。(10) Bの“好了好了”は、Aの怒っている状態に対して「なだめる」といった反応を見せながら、怒っている状態を終結させるよう働きかけていると解釈できる。(11) Bの“オ八点”は、Aの時間に対する認識“八点太晚了”（8時は遅すぎる）と対立している。(9) B (10) B (11) Bは、それぞれ“什么”“好了”“オ”を用いて否定を実現しているが、“什么”“好了”“オ”はそれ自体に否定の意味がなく、またこれらを用いた文だけ（“什么裙子呀”“好了好了”“オ八点”）では必ずしも否定の意味が読み取れるわけではない。しかし、なんらかの文脈が整っていれば、“什么”“好了”“オ”を用いた文は常に否定の意味・機能を有する特徴がある。

2.2.3　完全文脈依存的否定

「非明示的否定」というカテゴリーの中で、「暗示的否定」と「潜在的否定」はいずれもある種の言語形式でもって否定を実現していると言ってよい。それに対し(12)のように、前述のような言語形式を用いず、否定が実現できる場合が存在する。「暗示的否定」と「潜在的否定」を有標（marked）の否定とすれば、(12)のようなタイプは無標（unmarked）の否定である。

（12） A：那个女孩儿是你女朋友吧？

（あの女の子はきみの彼女なんだろう？）
B：她是我妹妹。（彼女は俺の妹だよ。）

(12) B の“她是我妹妹”は普通の平叙文であるが、この発話場面においてはＡの発話内容（推測）である「あの女の子はきみの彼女だ」に対する否定として解釈できる。このような文が否定の意味と機能を果たすためには、具体的な発話場面と先行文脈が必須であるため、本書では「完全文脈依存的否定」と呼ぶ。

3. 中国語の否定システム、本書で扱う否定表現

2 で述べた内容に基づいて、中国語の否定システムを以下のように図示する。

図 1

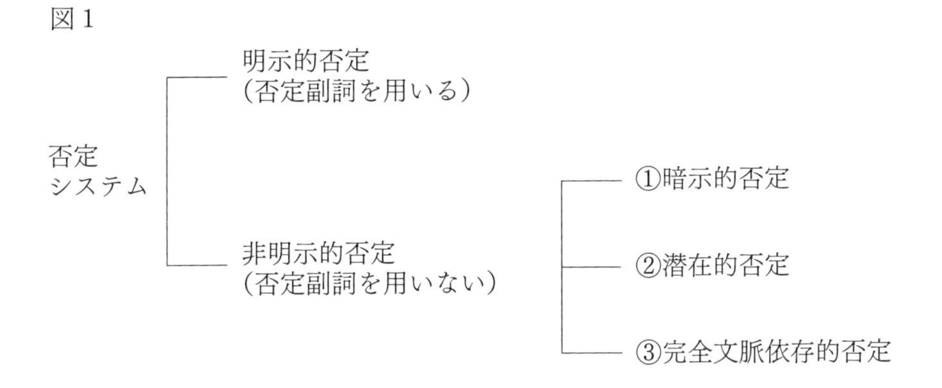

本書は、「非明示的否定」の一つである「潜在的否定」表現に焦点を当てる。「潜在的否定」を実現する言語形式は、動詞、副詞、語気助詞、応答表現、命令文、条件文、疑問文など多岐に渡る。

4. 否定と否定表現

4.1 否定をどう捉えるか

言語形式によって表される否定について考える時、論理学では命題の真理値を対象とし、「真」か「偽」かの2つの値しかないとする。つまりPの否定は〜[5]Pであり、〜〜P即ち二重否定は肯定になるのである。例えば、

(13) 小王今天**不**来。(王さんは今日来ない。)

という文は、"小王今天来"(王さんは今日来る)という命題を「真」ではなく「偽」と見做す。しかし、前掲の(6)

(6) 小王今天**缺席**。(王さんは今日欠席だ。)

は、文が表す内容(命題内容)は(13)と同じであるが、「真」と見做さないといけない。論理学では(13)は否定であるが、(6)は否定ではないと考える[6]。

しかし言語学では、(13)も(6)も否定として捉える。(13)は否定副詞"不"によって否定の意味を明示的に表し、(6)は"缺席"という動詞の内在的意味が否定を表していると解釈できるからである。また、次の(14)が示すように、文全体の意味が否定的意味を表さない場合でも、文中に否定副詞があれば、肯定文として見做さない捉え方もある。

(14) 她**没**被学校开除。(彼女は学校に除籍されなかった。)

このように言語学の視点から否定を考える時、統語論、意味論、語用論

---

5 〜は否定を表す。
6 論理学では否定のオペレータがあるかどうかが決め手となる。

のどの領域で扱うかという問題が出てくる。

4.2 本書の立場

本書は、「発話の意味」、つまり文が実際使用される場合の文脈的意味の角度から「潜在的否定」の意味解釈を試みる。ある発話文の意味解釈は、話し手の発話意図、既知情報（前提）と新情報、言外の意味（含意）などが関与する。話し手と聞き手の情報のやりとりという視点に立って言えば、「命題、話者のアセスメント、聞き手へのアセスメントの点からして、それぞれ肯定的、否定的、中立的という立場がある[7]」と考えられる。ここで(12)の例文をもう一度取り上げる。

(12) A：那个女孩儿是你女朋友吧？
（あの女の子はきみの彼女なんだろう？）
B：她是我妹妹。（彼女は俺の妹だよ。）

Bの発話文は統語的にも意味的にも肯定である。しかし語用論的に見た場合、“她是我妹妹”は、(12) Aに対してのみ“她不是我女朋友”（あの女の子は俺の彼女ではない）という意味を含意し、これはAの“那个女孩儿是你女朋友吧”（あの女の子はきみの彼女だろう）という推測に対する否定として捉えることができる。このように語用論的否定・肯定[8]は、発話場面における話し手と聞き手の相対的関係で決まる。そして実際のコミュニケーションの場面において、相手への不同意のみならず、相手の信

---

7 山田 1997、p42。

8 統語論的否定・肯定と語用論的否定・肯定の相違点について山田 1997 によると Brütsch, E. 1986: Was heißt hier NEGATIV? Zeitschrift fur germanististische Linguistik 14, pp195 では次のようにまとめられている。

統語論的否定	否定要素があり否定機能を果たす。
統語論的肯定	否定要素がなく否定機能も持たない。
語用論的否定	否定要素はないが否定機能を持つ。
語用論的肯定	否定要素があるが肯定機能を持つ。

じている現実とは違った現実を描写するものはすべて語用論的否定である[9]と考えられる。

では語用論的否定は具体的に何に対して否定しているのか。太田(1980)によると、語用論的に見た場合、否定は単に「真理価値」に関与するだけではなく、「相手の依頼、要求を拒否するために用いられる場合もあれば、相手の意見に対する不同意を示す場合もある。ある表現の含意[10]、前提[11]を否定する場合もあれば、不適切な表現の訂正をする場合もあるというように色々の用いられ方をする[12]」のである。そして語用論的に見た場合、否定される命題、含意、前提などは広い意味で旧情報に属し、この旧情報は会話において適切性条件（felicity conditions)[13]の制約を受けるが、語用論的否定はつまり旧情報の適切性に対する否定である[14]。

9　山田 1997。

10　含意は命題と命題の関係を表す。そしてどのレベルにおいて見るかによって見方も違ってくる。論理学レベルで見た場合、命題 p が命題 q を論理的に含意するとは、p が真のとき、q も必ず真になる場合であり、そしてその場合に限られる。論理学では論理語を仲介として p と q にどのような論理的含意が成立するかという推論の規則を提供する（太田 1980、pp93−94)。意味論的含意も論理的含意のように p が真であれば、q も真であるが、演繹規則によるのではなく、実質的な意味内容を持った記述語によるものである。語用論的含意はコンテクストに依存して決定される。そして語用論においての含意とは話し手と聞き手の間の協力関係に関するものである。

11　前提とは文を適切に発するための条件である。語用論的前提は具体的な文にこうした前提があるというのではなく、話し手がある文を発する時に、こうした前提を持つということである。この場合、ある命題 p が前提をなすというのは、必ずしも p が現実の世界で真であることを要求せず、話し手が p の真であることを仮定するとか、あたかも p が自明のことであるかの如くふるまうだけでも良い（太田 1980、p174)。語用論的前提は真理価値ではなく、適切性の条件に結びつく。従って語用論的前提は否定できる。前提を語用論的に解すれば、実際の伝達場面で話者、聴者がどういう方法で伝達を成功させているかについて一般的な仮定に基づいて説明が出来る可能性が生ずる（太田 1980、p180)。

12　太田 1980、p277。

13　適切性条件は、発話行為を適切に遂行するために満たすべき条件である（Austin、1962)。

14　太田 1980、pp272−280。

従って「明示的否定」も文の「真理条件」ではなく、旧情報の適切性に対して否定しているならば、語用論的否定として捉えることができる。

(15)　甲：昨天晚上跟你在一起的那个女人岁数不小了吧？
　　　乙：她不是什么“女人”——她是我妻子！
(沈家煊 1993. p321(1))
　　　(甲：夕べお前と一緒だった女、けっこう年が行っているだろう？)
　　　(乙：彼女は女なんかじゃない——俺の女房だ。)

乙の発話“她不是什么‘女人’”（彼女は女なんかじゃない）は“她是女人”（彼女は女性である）という文の「真理価値」に対する否定ではない。甲の発話“昨天晚上跟你在一起的那个女人”から読み取れる「あなたは昨夜奥さん以外の女性と会っていた」という含意に対する否定として捉えられる。つまり、“她不是什么‘女人’”の“不”が否定しているのは“是女人”（女性である）ではなく、甲の発話における“女人”という言葉の適切性である。

5. 中国語の否定システムにおける「潜在的否定」の位置づけ

本書の各論の考察対象は「潜在的否定」を実現する言語形式である。「潜在的否定」は聞き手の発話内容、聞き手の動作・行為、話し手自身の想定などを否定するものである。従って中国語の否定システムにおける「潜在的否定」の位置づけは図2が示すようになる。

図 2

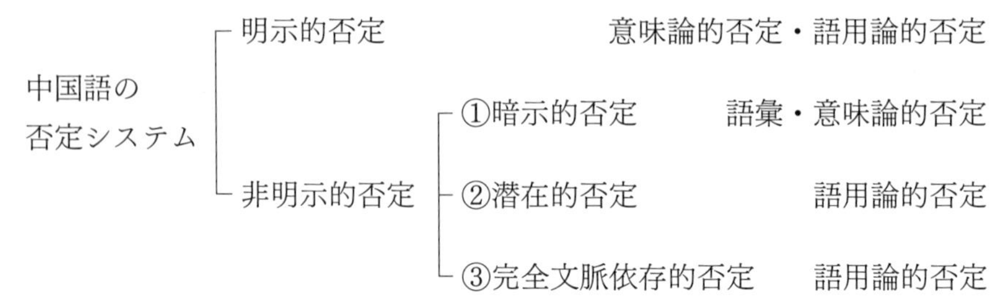

「潜在的否定」を設けることによって、中国語では否定をどのように表現しているかを、より全体的、具体的に把握することができると同時に、中国語の否定の多様性と特殊性についても認識することができる。これは言語による否定の普遍性を解明するためにも必要である。

参考文献

戴耀晶 2000.〈试论现代汉语的否定范畴〉,《语言教学与研究》第 3 期，pp45-49.
房玉清 1992.《实用汉语语法》北京语言学院出版社
刘月华等 1983.《实用现代汉语语法》外语教学与研究出版社
陆俭明・马真 1985.《现代汉语虚词散论》北京大学出版社
陆俭明 1993.《现代汉语句法论》商务印书馆
吕叔湘 1942.《中国文法要略》(汉语语法丛书 商务印书馆 1982)
——— 1980.《现代汉语八百词》商务印书馆
——— 1985.〈肯定・否定・疑问〉,《中国语文》第 4 期，pp241-250.
马清华 1986.〈现代汉语的委婉否定格式〉,《中国语文》第 6 期，pp437-441.
沈家煊 1999.《不对称和标记论》江苏教育出版社
石毓智 1992.《肯定和否定的对称与不对称》台湾学生书局
袁毓林 2000.〈论否定句的焦点、预设和辖域歧义〉,《中国语文》第 2 期，pp99-108.
赵元任（1968）著 丁邦新 1980 译.《中国话的文法》香港中文大学出版社
中国社会科学院语言研究所词典编辑室 2005.《现代汉语词典》第 5 版 商务印书馆
朱德熙 1982.《语法讲义》商务印书馆
池上嘉彦 1975.『意味論：意味構造の分析と記述』大修館書店
内田聖二・宋南先・中逵俊明・田中圭子訳 1999（Sperber, D. and D, Wilson. 1986).
『関連性理論——伝達と認知——』
東京：研究社
太田朗 1980.『否定の意味：意味論序説』大修館書店

河上誓作 1998. 「アイロニーの言語学」,『待兼山論叢』(32), pp1-16.
木下裕昭訳（ジェラルド・M. セイダック著）1995.『発話行為の言語理論へ向けて』文化書房博文社
毛利可信 1980.『英語の語用論』大修館書店
森山卓郎・仁田義雄・工藤浩 2000.『モダリティ』(日本語の文法 3) 岩波書店
山田小枝 1997.『否定対極表現』多賀出版
山梨正明 1986.『発話行為』(新英文法選書第 12 巻) 大修館書店
李貞愛 2008.「中国語の否定について」,『言語・文化・コミュニケーション 慶應義塾大学日吉紀要』No40, pp173-190.
Halliday, M. A. K. 1985. *An Introduction to Functional Grammar.* London: Edward Arnold
Austin, J.L. 1962. *How to Do Things with Words*. Cambridge, MA: Harvard University Press
Levinson, S. C. 1983. *Pragmatics*. Cambridge: Cambridge University Press
Searle, J. R. 1969. *Speech acts*. Cambridge: Cambridge University Press

思考動詞“以为”と否定[1]

1. 思考動詞

人間は誰しも何かに対して判断や思考という作業を行い、そこで得られた見解を叙述する場合がある。本章ではこのような思考の行為を表す動詞を「思考動詞」と称する。中国語の「思考動詞」と言えば“以为”と“认为”がすぐ思い浮かぶが、“以为”は思考内容が現実と異なる場合に用いられる点で“认为”と区別される。

2. “以为”と“认为”の意味記述

2.1 “以为”について

《现代汉语八百词》(吕叔湘 1980) では“以为”の項目で次の例文が挙げられている。

(1) 我**以为**水的温度很合适。(私は水温がちょうどいいと思う。)
(《现代汉语八百词》)

(1)の“以为”は「人或いは事物に対し、ある判断を下す意味を表す[2]」と記述されている。

そして“以为”を用いて下した判断は(2)と(3)が示すように、往々に

1 本章は、李貞愛 2004.「中国語の判断動詞“以为”について」,『山梨英和大学紀要』第3巻, pp131-147. を元に加筆修正を加えたものである。

2 吕叔湘 1980。

して、「現実の状況と合致せず、先行もしくは後続する文脈で真実を明らかにする[3]」と説明が加えられている。

(2) 我**以为**有人敲门，其实不是。
(誰かがノックしていると思ったが、実際は違っていた。)

(3) 原来是你，我还**以为**是老王呢。
(なんだ、あなただったのか。私はてっきり王さんだと思ったよ。) (《现代汉语八百词》)

(2)は後続する"其实不是"(実際は違っていた)で、(3)は先行する"原来是你"(なんだ、あなただったのか)をもってそれぞれ真実を明らかにしている。しかし(4)は、真実を明確に示す先行または後続文脈が、"以为"の「現実の状況と合致しない」意味の成立に必要不可欠な要素ではない事実を語っている。

(4) 平时也不打个电话，我还**以为**你把我给忘了呢。
(普段ぜんぜん電話もくれないんだから。私のことは忘れられていると思ったよ。)

(4)において、話し手の思考内容"你把我给忘了"(あなたは私のことを忘れている)を覆すような文脈は明示化されていないが、実際話し手と聞き手が会っている場面での会話(=忘れていない)であることが推測されるため、話し手の思考内容は現実と食い違っていたことが読み取れるのである。

2.2 "认为"について

《现代汉语八百词》(吕叔湘 1980)では"认为"は「人或いは事物に対してある種の見方を持って、ある種の判断を下す意味を表す」と指摘して

---

3 吕叔湘 1980。

いる。

(5) 我**认为**应该采取第一个方案。
(私は最初の案を採るべきだと思う。)

(6) 大家一致**认为**老赵的意见是对的。
(皆は趙さんの意見が正しいと思っている。)

(《现代汉语八百词》)

そして“认为”は“以为”と違って、一般的に「肯定的判断に用いる[4]」という点についても指摘している。従って前掲の(2)(3)における“以为”を“认为”に置き換えると非文になる。

*(2)’ 我**认为**有人敲门，其实不是。
*(3)’ 原来是你，我还**认为**是老王呢。

“认为”は主体の思考内容が現実と合致しなかった場合には用いない。

2.3 思考内容と現実の不一致をどう捉えるか

“以为”に見られる思考内容と現実の食い違いは、思考内容が現実に否定されたと捉えることができる。(2)について言えば、“我以为有人敲门”(誰かがノックしていると思った)は、“没有人敲门”(ノックする人がいなかった)を含意し、これは話し手が思考主体((2)では話し手と同一である)の思考内容“有人敲门”(誰かがノックした)を否定していると考えられる。

“以为”はなぜこういった否定の機能を持つのか、“以为”の使用意図は何か、次節からこの2点を中心に考察を試みる。

4 吕叔湘 1980。

3. “以为”の使用条件

“以为”は話し手（または語り手）が思考主体の思考内容を述べる時に用いるが、“以为”を用いた文が表す意味は次のように示すことができる。

S（＝思考主体）＋“以为”＋X（思考内容）

伝達内容①：X

伝達内容②：～X （「～」は否定を表す）

「S＋“以为”＋X」文は、思考主体であるSの思考内容はXであるが、そのXは現実と一致しないという意味を表す。

一方、“认为”を用いた文は次のように示すことができる。

S（＝思考主体）＋“认为”＋X（思考内容）

伝達内容：X

「S＋“认为”＋X」文は、思考主体であるSの思考内容はXであるという意味を表す。

“以为”も“认为”も「思考主体が思考・認識活動を行い、ある思考内容が形成された」が使用の前提となり、両者を用いた文は、話し手（または語り手）が思考主体の思考内容を聞き手に提示するものである。具体的には、話し手自身が思考主体である場合は、話し手自らの思考内容を、思考主体が第二人称である場合は、相手の思考内容を、思考主体が第三人称である場合は、第三者の思考内容を話し手（または語り手）が聞き手に示すことになる。しかし伝達内容に違いが見られることは、思考・認識活動に何らかの違いがあり、それが“以为”の否定的含意の形成要因ではないかと推測される。

4. “以为”による思考・認識活動

“以为”による思考・認識活動は不確定情報に基づいて行うことが多く観察される。

4.1　五感に誘発される思考・認識活動

人間は五感を使って情報を収集したり、処理したりするが、情報を知覚・認知する受付段階で不確かな要素が存在すると、事実にそぐわない思考内容を導く確率が高くなる。

（7）　老远看**以为**是那个熟知的品牌，仔细看又不是。

（CCL《人民日报》2000 年）

（遠くから見て、よく知っているあのブランドだと思っていたが、よく見たら違っていた。）

思考主体である話し手は“看”（見る）という視覚に頼って思考・認識活動（情報処理）を行い、“是那个熟知的品牌”（よく知っているあのブランドだ）という思考内容を得るが、“老远看”（非常に遠いところから見る）であるため、処理する情報の正確さが保証されにくくなっている。

（8）　我觉得有什么东西滴滴嗒嗒往下掉，初**以为**是灰水滴落，后才发现胳膊上伤口痂裂开了，血在往下滴。　（CCL《永失我爱》）

（私は何かがぽたぽたと滴り落ちている感じがして、最初は灰汁だと思っていた。しかし後になって腕の傷口が裂けて出血していたことがわかった。）

(8)は語り手がモルタルで壁を塗っている時の語りである。思考主体“我”（＝語り手）は、“觉得有什么东西滴滴嗒嗒往下掉”（何かがぽたぽたと滴り落ちている感じがした）という体性感覚情報と、壁をモルタルで塗っている眼前の状態による推論に基づいて、“是灰水滴落”（腕から滴り落ちているのは灰汁だ）を思考内容として提示している。そしてこれは、後に視覚器官から得た“发现胳膊上伤口痂裂开了，血在往下滴”（腕の傷口が裂けて出血していたことがわかった）という確かな情報に覆される。

（9）　嘉伟掏出钥匙开门进屋，他**以为**雯雯在屋里，他一开门就闻到了雯雯在这里留下的芬芳；他**以为**雯雯还坐在沙发上呢，于是赶紧进卧室打开灯，却见沙发上空空如也。　（BCC《都市红帆船》）
（嘉偉はポケットから鍵を取り出し部屋を開けて入った。彼は雯雯が部屋にいると思った。部屋に雯雯の香りが残っているからだ。彼は雯雯がソファに座っていると思ってすぐに寝室に入って灯りをつけたが、ソファには誰も座っていなかった。）

思考主体"嘉伟"は嗅覚情報"闻到了雯雯在这里留下的芬芳"（部屋に雯雯の香りが残っている）に頼って、"雯雯在屋里"（雯雯が部屋にいる）、"雯雯还坐在沙发上"（雯雯がソファに座っている）という思考内容を導き出す。しかし嗅覚だけで処理された情報は、視覚情報"沙发上空空如也"（ソファには誰も座っていなかった）と食い違いが生じ、不正確と判定される。

このように"以为"を用いる時、思考主体は視覚や聴覚、嗅覚といった五感または体性感覚を手がかりとして情報処理（思考・認識活動）を行うため、不確定要素が多く存在し、現実と異なる思考内容を得て提示することになるのである。

4.2　常識に誘発される思考・認識活動

常識とは、「一般の社会人が共通にもつ、またもつべき普通の知識・意見や判断力[5]」である。人間は常識に強く依存し、人や物事に対して、常識に支配された判断をしがちであるが、常識は多くの人が正しいと思っているだけであって、常に正しいということではない。「間違いだらけの常識」という表現はまさにこの意味である。

"以为"による思考・認識活動はこのような常識に誘発される場合が多々見られる。

（10）　听说这条线通班车，老婆**以为**是单位头头对大家的关心，后来

5　『大辞泉』2012 第二版。

打听清楚，原来单位头头并不是考虑大家，而是单位头头的一个小姨子最近搬家搬倒了这一块地方，单位头头的老婆跟单位头头闹，单位头头才让往这里加一线班车。（BCC《一地鸡毛》）
（この路線に通勤バスを出すと聞いて、女房は従業員たちに対するボスの配慮だと思っていた。しかし、後になってそうではなかったということがわかった。実はボスの義妹が最近この辺に引っ越してきて、そのボスの奥さんが騒いだため、バスを出すことになったのである。）

常識的に考えれば、通勤バスは会社側が従業員の通勤時の負担を軽減するために導入するものである。思考主体“老婆”も常識的に考えて“单位头头对大家的关心”（従業員たちに対するボスからの配慮だ）と判断するが、事実は“单位头头并不是考虑大家”（ボスは従業員たちのためではなかった）であって、思考主体の認識とは違っていた。

（11） 日语的书面语使用一些汉字，很多人**以为**日语和汉语相近，日语好学，其实这是误解，汉语和日语是两种完全不同的语言。（CCL《当代》）
（日本語の書き言葉では一部漢字が使われているため、多くの人は日本語と中国語は言語の距離が近く、日本語は学びやすいと思っているが、実際にはこれは誤解である。中国語と日本語は全く異なる2つの言語である。）

中国語の文字体系が漢字であり、日本語も書き言葉で漢字を使用していることから考えて、思考主体“很多人”は“日语和汉语相近，日语好学”（日本語と中国語は距離が近く、学びやすい）と判断するが、語り手は“汉语和日语是两种完全不同的语言”（中国語と日本語は全く異なる2つの言語だ）を根拠に、思考主体の思考内容を否定している。

4.3　思考主体の主観的認識による思考・認識活動

“以为”による思考・認識活動は、思考主体の主観的認識によるものも見られる。

（12）　他**以为**爱情是不死的，因为情感永生；

（BCC《爱情的三部曲（雾雨电）》）

（彼は愛は死なないものだと思っている。なぜなら愛は永遠だから。）

“爱情是不死的”（愛は死なないものだ）は、思考主体“他”の見方または捉え方であり、“爱情”（愛）の捉え方は人それぞれである。

（13）　柔嘉道：“你这个人从来不会买东西。买了贵东西还自**以为**便宜，不要尽给我吃。”　（BCC《围城》）

（「あなたはずっと買い物が下手だった。高価なものを買ったのに自分では安いものを買ったと思い込んでいる。もう私に食べさせないで。」と柔嘉は言った。）

“贵东西”（高価なもの）を“便宜”（安い）と思っているのは思考主体“你”（小説の中では聞き手“方鸿渐”を指す）の感覚であり、話し手“柔嘉”は必ずしもそうは思っていない。“以为”の前によく代名詞の“自”（自分）を置いて“自以为”という形で現れるのも、思考主体が自分自身の感じ方や体験に基づいて思考・認識活動を行っていることを強調するためである。

こうしてみると“以为”は、思考主体が五感や体性感覚、常識、そして自分の主観的認識に誘発されて思考・認識活動を行い、そこから得た思考内容を提示する働きをする。しかし、五感や体性感覚には不確定要素が多く、常識は正確さを常に保証できず、主観的認識は客観性に欠けているため、“以为”が導く思考内容は現実と食い違いが生じるのである。

5.“以为”を用いた文の発話意図

“以为”が導く思考主体の思考内容が現実に合致しないのであれば、表現主体である話し手（または語り手）はコード化された意味以外に伝えたい意味があるはずである。

（14）　黄豆豆低着头说：“当时我还**以为**他变卦了，还有点生气。第二天我去机场他也没去送我。后来到了美国，我才知道就是在那天晚上，他出事了……”　（BCC《永不回头》）
（黄豆豆はうつむいて言った。「あの時私は彼の気が変わったと思ってちょっと腹も立った。次の日、私が空港に行った時も彼は見送りに来なかった。後にアメリカに行ってから知ったことだが、あの日の夜、彼は事故に遭った……」）

話し手（＝思考主体）“黄豆豆”は自身の思考内容“他变卦了”（彼の気が変わった）が事実と違っていたことを認めると同時に、間違った思考内容が“有点生气”（ちょっと腹も立った）という結果を招いたと聞き手に説明している。

（15）　她哭着说道，你还活着呐？你还好好的，平安无事？我还**以为**再也见不到你了呢。　（BCC《俄罗斯美女》）
（彼女は泣きながら言った。「生きていたのね。無事だったのね。もう会えないと思ったよ。」）

思考主体“她”（＝話し手）の思考内容“再也见不到你了”（もうあなたに会えない）は話し手にとって望ましくないものである。話し手は“以为”を用いて思考主体の思考内容が現実に否定された事を聞き手に伝えると同時に、聞き手が生きている現実に対する喜びの感情を表出している。

（16）　看到我们，他显得十分惊讶，说：“我还**以为**是帮我做事的老太

婆呢！你们今天怎么有兴致到镇上来？”　　（BCC《寒烟翠》）
（私たちを見た途端、彼は非常に驚いた。「家事手伝いの婆さんだと思ったよ！今日はどういう風の吹き回しで来たの？」）

思考主体“他”（＝話し手）は“我们”を見て、自らの思考内容“是帮我做事的老太婆”（家事手伝いの婆さんだ）が間違っていたことを認識し、驚きの感情を表している。

このように“以为”が用いられた文は、思考主体が思考・認識活動を通して、ある思考生産物（思考内容）を生み出したという言内の意味と、その思考生産物は現実にそぐわないものであるという言外の意味を持つ。そして話し手（＝表現主体）が“以为”を用いて思考主体の思考内容を述べる時、思考内容と現実の不一致な状況の下で生まれる話し手の主観的感情、例えば原因の説明や喜び、驚きなどといった感情を表出させている。

6. “以为”と“认为”の違い

6.1　削除の可否

“以为”も“认为”も思考主体の思考内容を叙述する働きをするが、その有無によって思考内容が成立するかどうかで違いが見られる。

(17) a　我**认为**她喜欢这个工作。
　　（彼女はこの仕事が好きだと私は思っている。）
　b　她喜欢这个工作。（彼女はこの仕事が好きだ。）

“认为”を用いた(17) a も、“认为”を削除した(17) b も、表現主体（＝思考主体）の中で“她喜欢这个工作”（彼女はこの仕事が好きだ）という思考内容（命題）は同様に成立する。しかし、“以为”の場合はそうではない。

(18) a　我**以为**她喜欢这个工作。

（彼女はこの仕事が好きだと私は思っていた。）

×b　她喜欢这个工作。

c　她不喜欢这个工作。（彼女はこの仕事が嫌いだ。）

“以为”を用いた(18) a が表す意味は（18) c であって、(18) b ではない。つまり“以为”を削除した(18) b は、(18) a の命題内容として成立しない。

6.2　共起制限

“以为”と“认为”は疑問文との共起においても違いが見られる。

(19) a　你**认为**她今天会来吗？（彼女が今日来ると思う？）

b　你**以为**她今天会来吗？

（彼女が今日来ると思っている？いや、来ないよ。）

(20) a　你**认为**她今天会不会来？（彼女が今日来ると思う？）

?b　你**以为**她今天会不会来？

(19)が示すように、諾否疑問文は“以为”と“认为”の両方と共起できる。ただ“以为”を用いた(19) b は「来ない」という意味が含意され、一種の反語文として捉えられる。一方、(20)が示すように、思考内容を表す部分が反復疑問文である場合、“认为”は共起できるが、“以为”を用いると容認度が低くなる。反復疑問文“Y 不 / 没 Y ～”は「Y なのか Y ではないのか」、つまり肯定と否定の両方が同時に並べられているため、思考内容を否定する“以为”と相容れないのである。

6.3　認定か認識か

(21)? a　我**认为**她是北京人。

b　我**以为**她是北京人。

（私は彼女が北京出身だと思っていた。）

(22)? a　我**认为**他是你们的汉语老师。

b　我**以为**他是你们的汉语老师。

（私は彼があなたたちの中国語の先生だと思っていた。）

“认为”を用いた(21) a と(22) a は容認度が非常に低い。“她是北京人”や“他是你们的汉语老师”は何かに基づく判断や認識の対象とはなり得るが、誰かの判断で確定する（認定）対象には相応しくないのである。“认为”は(23) a が示すように、主観的に認定された事柄に用いることが多い。

(23) a　虽然大家都说他不可能同意，但是我**认为**他一定会同意的。

（皆は彼が賛成するはずがないと言っているが、私は彼がきっと賛成してくれると思っている。）

主体“我”（＝話し手）にとって“他会同意”は認定済みのことである。従って、

(23)? b　我**认为**他一定会同意的，可是没想到他却投了反对票。

c　我**以为**他一定会同意的，可是没想到他却投了反对票。

（私は彼がきっと賛成してくれると思っていたが、彼が反対するとは。）

(23) b のように、自ら認定済みのことを発話時において自ら否定すると容認度が落ちるため、“以为”に置き換えた(23) c にすると自然な文になる。前掲の(5)と(6)も同様である。

(5) a　我**认为**应该采取第一个方案。

（私は最初の案を採るべきだと思う。）

? b　我**认为**应该采取第一个方案，但是有点儿不妥。

（？私は最初の案を採るべきだと思うが、ちょっと良くないと

思っている。）

（6）a　大家一致**认为**老赵的意见是对的。
（皆は趙さんの意見が正しいと思っている。）

？b　大家一致**认为**老赵的意见是对的，可是又觉得他的意见有些问题。
（？皆は趙さんの意見が正しいと思っているが、ちょっと問題があるとも思っている。）

“认为”が導く思考内容は思考主体が「そうであると判断して確定した（認定した）内容」である。話し手が“认为”を用いた文を発話する意図は、思考主体の認定済みの思考内容を伝えることにあり、認定済みの内容であるが故に、確信度も高い。“认贼作父”という四字熟語からもわかるように、周囲の人が皆その人を「悪人」と見做しても、或いは実際その人が「悪人」であっても、主体はその人を「父親」として認定するということである。従って主体の認定には、客観的世界がどうであろうと関係のない、主体の強い信念が秘められている。(24)が示すように、“认为”の前に“坚定”（形容詞で、「ゆるぎない、確固している」意味）や“果断”（形容詞で、「断固している、果断である」意味）のような連用修飾語をよく伴うのもこの点を裏づけている。

（24）　父亲坚定地**认为**他的儿子是一个小提琴天才，他要给儿子找最好的老师，让儿子成功。　　（BCC《文汇报》2002/05/04）
（父親は自分の息子がバイオリンの天才だと固く信じていた。息子のために一番いい先生を見つけ、成功させようとした。）

6.4　発話時点、思考・認識時点と修正時点

6.4.1　“认为”の場合

まず思考主体が話し手自身の場合を見る。

（25）　爸爸，我**认为**您是世界上最伟大的爸爸。

（お父さん、お父さんは世界一偉大な父親であると私は思っている。）

思考主体“我”が同時に話し手である場合、思考・認識時点は発話時点より前か同じである。

(26)　爸爸，我从小就**认为**您是世界上最伟大的爸爸。
（お父さん、私はお父さんが世界一偉大な父親であると小さい頃から思っている。）

“认为”の前に“从小”（小さい頃から）があるため、思考主体“我”の思考・認識活動時点は「小さい頃」であり、話し手“我”の発話時現在と同一ではない。思考・認識活動時点から発話時現在まで、思考内容が変わることなく、継続していることを表す。

次に思考主体が第三人称である場合を見る。

(27)　她**认为**自己是最聪明的。
（彼女は自分が一番賢いと思っている。）

話し手は表現主体であり、思考主体は“她”である。話し手が(27)を発話するためには、発話時までに思考主体“她”の思考内容を把握する必要がある。従って、“她”の思考・認識時点は話し手の発話時点より先行していると考えられる。

6.4.2　“以为”の場合

まず思考主体と話し手が同一である場合を見る。

(28)　我**以为**你是日本人，原来你是中国人啊。
（私はあなたが日本人だと思っていたが、中国人だったのですね。）

話し手が発話時に獲得した情報が“你是中国人”であるため、思考主体“我”（＝話し手）の思考・認識活動時点ははっきりしないが、発話時点より前であると推測できる。

（29） 我一直**以为**你是日本人，原来你是中国人啊。
（私はずっとあなたが日本人だと思っていたが、中国人だったのですね。）

“以为”の前に副詞“一直”が付加されたことで、過去のある時点において思考主体（＝話し手）が思考・認識活動を行い、その時の思考内容が変わることなく話し手の発話時点までに継続されていることを意味する。

次に思考主体が第三人称である場合を見る。

（30） 她不知道我们只是普通朋友关系，**以为**我们俩在谈恋爱。
（彼女は私たちがただの友人関係であることを知らない。私たちが付き合っていると思っている。）

思考主体は三人称の“她”で、話し手は表現主体である。話し手が(30)を発話する前提条件は、発話時までに思考主体“她”の思考内容“我们俩在谈恋爱”を把握することである。従って、思考主体“她”の思考・認識時点は話し手の発話時前であると考えられ、話し手の発話時点は思考主体の思考内容に対する修正時点でもある。

7. “以为”と否定

言語形式は「何を表すか」という意味内容と、「何のために使うか」という言語機能が伴う。話し手（＝表現主体）が“以为”を用いて「思考内容と現実の不一致を提示する」ことは、思考内容が現実に否定された、つまり語用論的否定として捉えることができる。

7.1　自己否定

思考主体と話し手（＝表現主体）が同一である場合、話し手は“以为”を用いて、発話時点より前のある時点に形成された思考内容を、発話時点において否定することになる。

(31)　母亲笑了：“这是我自己绣的，现在都不穿自己做的鞋了，就给你绣了几双鞋垫。”我惊诧地看着母亲，一直以来，我真的**以为**我的母亲不会绣花。　（BCC《福建日报》）
（母は笑いながら言った。「これは母さんが自分で刺繍をしたものよ。今は誰も自分で靴なんか縫い取ったりしないから、中敷きを何足か作ってあげたの。」私は驚きながら母を見ていた。母は刺繍ができないとずっと思っていたからである。）

(32)　自**以为**预备的材料很充分，到上课才发现自己讲得收缩不住地快，笔记上已经差不多了，下课铃还有好一会才打。
（BCC《围城》）
（自分では資料は充分用意したと思っていたが、いざ授業を始めたらブレーキが効かないぐらい早口になってしまった。ノートに書いてあった内容はもうほとんど話したが、授業終了のベルまではまだずいぶん時間が残っていた。）

(31)は、母が作ってくれた靴の中敷きを見て、話し手（＝思考主体）は自身の思考内容“我的母亲不会绣花”を否定している。(32)は、「ノートに書いてあった内容をほとんど話した」という現実を目の当たりにして、話し手（= 思考主体）は自身の思考内容“预备的材料很充分”（資料は充分用意した）について反省している。従って思考主体と話し手（＝表現主体）が同一である場合、“以为”を用いた文は話し手（＝思考主体）の自己否定であり、「悔しさ」（例えば(32)）や「意外」（例えば(31)）などといった主観的感情が表出される。

7.2　相手に対する否定

思考主体が聞き手である場合、話し手（＝表現主体）は“以为”を用いて聞き手を否定することになる。

（33）　你**以为**十年的工夫人们会有多大变化，那你就错了。也许你在十年里由一个正直的军人变成了无赖，而对多数人来说十年只不过是三千多个一模一样的日子。　　　（BCC《我是“狼”》）
（10年で人間が大きく変わると思っていたらそれは大間違いだ。あなたはこの10年で誠実な軍人からごろつきに変わったかもしれないが、大多数の人にとって10年というのは同じことを繰り返す3000日あまりに過ぎないよ。）

“十年的工夫人们会有很多变化”（10年で人が大きく変わる）は聞き手（＝思考主体）の思考内容である。話し手は発話時点までに聞き手の思考内容を把握し、“以为”を用いてその間違いを指摘していると同時に、思考主体である聞き手に対する否定的感情を表出している。

7.3　他者に対する否定

思考主体が話し手、聞き手以外の第三者である場合、話し手は“以为”を用いてその第三者を否定することになる。

（34）　她**以为**孩子太小看不懂，谁知9岁的女儿和7岁的儿子被郑咏的歌声迷住了，非要等着见这位中国女高音歌唱家。
（BCC《人民日报》）
（彼女は子供たちが幼くて見てもわからないと思っていたが、なんと9歳の娘と7歳の息子は鄭詠の歌声に魅了され、この中国のソプラノ歌手に会うまで帰らないと言っていた。）

“孩子太小看不懂”（子供たちが幼くて見てもわからない）は思考主体“她”の思考内容である。話し手は発話時点までに第三者の思考内容を把握し、発話時点において第三者の思考内容に対する否定を実現していると同時に、思考主体である第三者に対する否定的態度を表出している。

8. まとめ

“以为”を使用する際、「思考主体が思考・認識活動を通して、ある思考内容を得た」が前提となる。主体の思考・認識活動を誘発するのは五感や体性感覚、常識、主観的認識などであるが、それらには不確定要素が含まれるため、思考生産物である思考内容が現実と一致せず、妥当性を得られないものとなるのである。従って“以为”を用いた発話は、思考生産物である思考内容に対する否定であり、同時にそのような思考生産物を生み出した思考主体に対する否定的態度の表出でもある。

参考文献

何一寰 1966.〈论“以为”在古籍中的用法〉,《中国语文》第 1 期，pp25-28.
吕叔湘 1980.《现代汉语八百词》商务印书馆
沈家煊 1993.〈“语用否定”考察〉,《中国语文》第 5 期，pp321-331.
石毓智 1992.《肯定和否定的对称与不对称》台湾学生书局
太田朗 1980.『否定の意味』大修館書店
小野正樹 2000.「「ト思う」述語文の情報構造について」,『文藝言語研究．言語編』No38，pp57-70.
松村明（監修）、小学館国語辞典編集部（編集）2012.『大辞泉　第二版』小学館
李宗和 2002.「「(〜と) 思う」について――日韓対応」,『研究年報』日本エドワード・サピア協会 No16，pp41-54.
李貞愛 2004.「中国語の判断動詞“以为”について」,『山梨英和大学紀要』3 巻，pp131-147.

“都”と“才”の時間的意味：事象時間と想定時間[1]

1. 時間と言語

1.1 時間と時間表現

人間にとって時間は抽象的で、具体的に意識することが難しいものである。例えば「私は昨日映画を見に行った。」と言った場合、「昨日」が何年何月何日であるかは明示的ではない。しかし、もし発話者が「今日」という時点において「私は昨日映画を見に行った。」と発話した場合、聞き手は「今日」を基準時点として、「昨日」という時間を規定できるだろう。このように抽象的な時間を規定する時、人間はその時間を具体的に意識できる何らかの手がかり、例えば時間を表す具体的な表現や実際の場面での発話などに頼ると思われる。

1.2 時間表現と時間の明示性

(1) a　我**2023年**大学毕业。(私は2023年に大学を卒業する。)
　b　我**明年**大学毕业。(私は来年大学を卒業する。)
　c　我**快**大学毕业了。(私はもうすぐ大学を卒業する。)

(1) aは“2023年”という明確な時間表現があるため、これのみで時間が規定できるのに対し、(1) bの“明年”は時間を規定するために発話時を基準時点にする必要がある。(1) cは副詞“快”(もうすぐ)を用いて、

1　本章は、李貞愛2009.「中国語の副詞による否定」,『日中言語文化』桜美林大学紀要 (7), pp17-29. を元に修正加筆を加えたものである。

“大学毕业”（大学を卒業する）という事態の発生時間が発話時（基準時点）から「あまり時間がたたない近い未来」であることを表す。“2023年”を「絶対的な時間表現」と呼ぶのなら、“明年”と“快”は発話時との相対的な関係を表す「相対的な時間表現」となる。「絶対的な時間表現」と「相対的な時間表現」はどちらも時間を表す有効な言語手段であると言える。

1.3　副詞と時間

中国語の副詞は、表す意味によって何種に分けるかは学者によって異なる[2]が、「程度副詞」「範囲副詞」「時間副詞」「否定副詞」の4種は大多数の学者や研究者が取り上げている。副詞は文法的機能として主に動詞や形容詞を修飾し、限定や説明などの働きを持つ修飾成分であるため、(2)が示すように、文の必須構成要素と見做さず、消去可能と思われがちである。

(2) a　他**曾经**参加过三届奥运会。
　　　(彼はかつてオリンピックに3回出場したことがある。)
　　b　他参加过三届奥运会。
　　　(彼はオリンピックに3回出場したことがある。)

時間副詞“曾经”（かつて）を消去した(2) bを(2) aと比較してみると、確かに「文の意味が変わった」というわけではない。しかし“曾经”を用いた(2) aからは、話し手が“他参加过三届奥运会”（彼はオリンピックに3回出場した）という事柄を「(現在ではなく) 過去の出来事」として捉えていることが読み取れる。この点からすれば、“曾经”は文構造上の必須要素ではないが、「相対的な時間表現」として、話し手にとっては事柄の時間的意味を明確化し、強調する要素として不可欠であろう。本章はこのような考え方に基づいて、副詞“都”と“才”が表す時間的意味とその

2　例えば、王力1943では8種、吕叔湘1942と马真1981では7種、张静1987では5種、张谊生2000では3種に分類している。

明確化を探ってみる。なお、本章では“都”と“才”を「相対的な時間表現として、時間的意味を表すことができる副詞」と位置づけ、これを前提に議論を進める[3]。

2. 時間を規定するための時間概念

“都”と“才”の検討に入る前に、まず発話の中で行われる言語学的時間の規定について少し触れる。文が表す時間を規定する際、その（時間を規定する）ための概念または手がかりが必要であるが、ここでまずHornstein（1977）が用いた「発話時間」「事象時間」「参照時間」と、乾・小谷(2000)が用いた「事象時間」「主観的時間」について概観する。

Hornstein(1977)が用いた「発話時間」は、話し手が実際ある文を発話している時間、「事象時間」は、ある行為が発生している時間、「参照時間」は、発話者が基準時間をどの時点においているかをそれぞれ示している。Hornsteinの表現では、「事象時間」と「参照時間」の関係でアスペクトを表し、「参照時間」と「発話時間」の関係でテンスを表すことになる。一方乾・小谷(2000)では、日本語の時間副詞が表す意味を論じる際、Hornsteinの時間概念を拡張し、「事象時間」と「主観的時間」という2種類の時間概念が必要であると主張している。その理由としては、Hornsteinの「発話時間」や「参照時間」はテンス、アスペクトによって決まるもので、話し手の意図とは無関係であるが、日本語の時間副詞は話し手が持っている主観的時間感覚を表すために用いるものであると述べている。乾・小谷(2000)が提唱している「主観的時間」とは、ある事象を表現する時、話し手の中での時間を「事象時間」と同時に設定するか、過

3　“都”について多くの研究では①範囲を表す、②語気を表す、③時間を表すと指摘しているが、③を認めない研究もある（王红1999、詹卫东2004、徐以中・杨亦鸣2005、宋红梅2008など）。“才”については①時間を表す（～したばかり、予想より遅い）、②数量が少ない、程度が低いことを表す、③複文の後句に用いて唯一の条件または因果関係を表す、④語気を表すと指摘されている（吕叔湘1980など）。

去または未来に設定するかは話し手が発話時に主観的に決めるものである。

筆者はこの「主観的時間」に触発され、“都”と“才”が表す時間的意味を分析するにあたって、「発話時間」「事象時間」「想定時間」という3種類の時間概念を設ける。具体的には「発話時間」とは話し手の発話時間、「事象時間」とは（事柄や出来事の）実際の時間、「想定時間」とは話し手または聞き手の中であらかじめ設定した時間とする。

3. “都”と“才”が表す時間的意味

“都”と“才”は使用頻度が高く、多義性を持つ副詞であるが、共通しているのは時間的意味を表せる点である。時間はその経過を図式化した時間軸上の点と量の2つで表せるが、点とは時間の流れの中でのある1つの、幅を持たない位置を指し、量とは時間の流れの中で長さ（幅）を持ったある1つの期間を指す。中国語では前者を“时点”(時点)、後者を“时量”（時量）と呼ぶが、本章では便宜上日本語に直訳した「時点」と「時量」を用いる。“都”と“才”は「時点」と「時量」の両方を表すことができる。

3.1 “都”と“才”が「時点」を表す場合

(3) 左昕璇看了两回手表。**都**六点了，凌云怎么还不出来，难道他今天加班？ (BCC《失恋女神》)
（左昕璇は時計を2回見た。もう6時だ。凌雲はなぜ出てこない、まさか今日残業ではないだろう。）

(4) 不管孙经武来不来，她可是还要上班的。一切准备好，她戴上豪式手表，一看时间，**才**六点半。 (BCC《灯火阑珊处》)
（孫経武が来ようが来まいが、彼女は仕事に行かないといけない。身だしなみを整え、腕時計をつけて時間を確認したらまだ6時半だった。）

(3)(4)はそれぞれ“六点”（6時)、“六点半”（6時半）という「事象時間」を提示している。“都”が用いられた(3)からは、“左昕璇”が発話（聞き手不在の「独り言」）前に「まだ6時になっていない、6時前だ」という「想定時間」を設定していることが読み取れる。それに対し“才”が用いられた(4)からは、主人公の“她”が「6時半よりも遅い時間」を「想定時間」として設定していることがわかる。つまり図1–1と図1–2が示すように、“都”と“才”は「想定時間」と「事象時間」において対照的である。

図1–1：(3)の“都”「事象時間」が「想定時間」より進んでいる

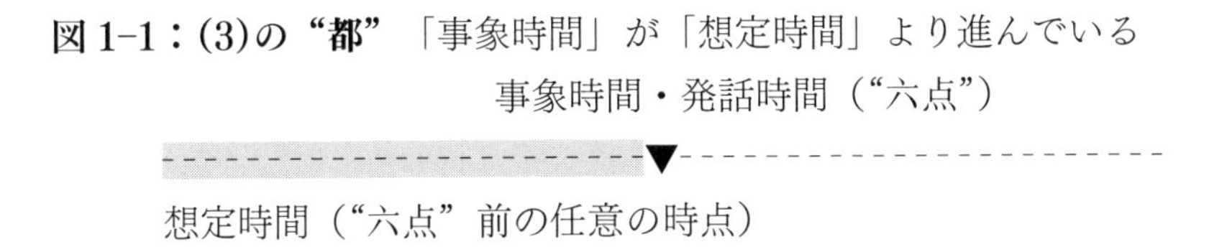

図1–2：(4)の“才”「事象時間」が「想定時間」より遅れている

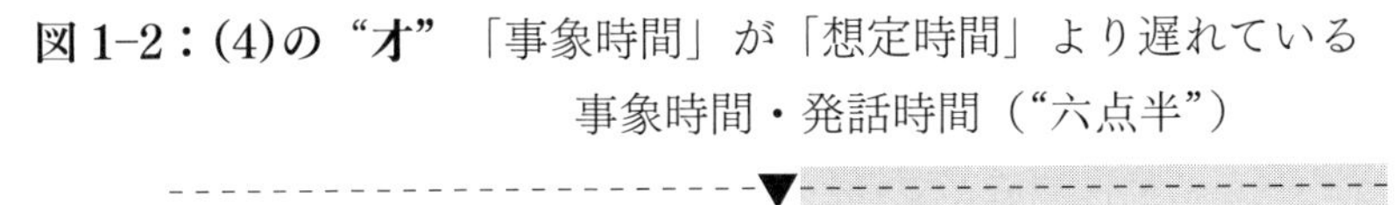

“都”と“才”は共に「想定時間」と実際の「事象時間」との間にずれが生じていることを含意する。時間的概念のずれを言語化することは、そのずれに対して軌道修正を図っていると考えられる。まずは“都”を用いた例から見よう。

(5) 她突然就会问：“几点了？”“九点了。”“哎哟，**都**九点了。”好像她有什么要紧事，非得在九点之前办妥不可。（BCC《无字》）
（彼女は急に聞いてくる。「今何時？」「9時だ。」「あら、もう9時になったのか。」彼女はまるで何か大事な用事があって、9時までに済ませないといけないようだった。）

(6) 何永洲则若无其事地问：“你们怎么一大早就来了？”“**都**九点

了，还叫早？”何咏安仍处在震惊状况下。（BCC《雁影行洲 A》）
（何永洲は何事もなかったように聞いてきた。「なぜこんなに朝早くから来たの？」「早いって、もう9時だよ。」何永安はまだ驚いている様子だった。）

(5)の“都九点了”（もう9時だ）は話し手“她”が聞き手から「事象時間」情報を獲得したことを表す文である。後文脈の“非得在九点之前办妥不可”（9時までに済ませないといけない）からわかるように、話し手“她”の「想定時間」は“九点之前”（9時前）であり、「事象時間」の“九点”（9時）は「想定時間」より進んでいる。話し手“她”は聞き手から獲得した「事象時間」をもって自らの「想定時間」を上書きしている。

(6)の“都九点了”（もう9時だ）は話し手“何咏安”が聞き手“何永洲”に対し、「事象時間」情報を提供した文である。聞き手“何永洲”の「想定時間」は“一大早”（早朝）であるが、これは話し手“何咏安”の発話“都九点了，还叫早？”（早いって、もう9時だよ）から読み取れる「今は9時で早朝ではない」と矛盾する。話し手は“都”を用いて聞き手に「事象時間」を提供すると共に、聞き手の「想定時間」に対し修正を行なっている。

次は“才”を用いる場面を見る。

(7) 我本来以为已经很晚了，但注意到挂钟**才**九点半。
（BCC《三个火枪手》）
（だいぶ遅くなったと思ったが、掛け時計を見たらまだ9時半だった。）

(8) 至终他只得微微的叹了一口气，站起身来，说，“我该走了，太晚了家里不放心。”永明拉住他的臂儿，说，“怕什么，看完了再走，**才**八点钟呢！”　（BCC《冰心全集第二卷》）
（最後になって彼は微かにため息をするしかなく、椅子から立ち上がりながらこう言った。「そろそろ帰る。遅すぎると家族が心配するから。」永明は彼の腕を引っ張って言った。「大丈夫さ。全部見てから帰れば。まだ8時だよ！」）

(7)の“九点半”（9時半）は話し手“我”が掛け時計を見て獲得した「事象時間」であり、話し手の「想定時間」は前文脈“我本来以为已经很晚了”（だいぶ遅くなったと思った）にあるように、「だいぶ遅い時間帯」である。話し手は“才九点半”という「事象時間」をもって、それより進んでいる自身の「想定時間」を上書きしている。

(8)の“八点钟”（8時）は話し手“永明”が聞き手“他”に提供した「事象時間」情報である。聞き手“他”の「想定時間」は自身の発話“太晚了”にもあるように「遅すぎる時間帯」であるが、話し手“永明”は“八点钟”という「事象時間」は「時間的にまだ早い」と認識している。話し手は“才”を用いて聞き手の「想定時間」が「事象時間」より進んでいることを伝えると同時に、聞き手の「想定時間」に対する修正を図っている。

ここまでの考察内容を表1にまとめる。

表1

時点を表す	時間的意味	機能
都	「事象時間」が「想定時間」より進んでいる	「事象時間」で「想定時間」を修正する
才	「事象時間」が「想定時間」より遅れている	

3.2 “都”と“才”が「時量」を表す場合

“都”は「時点」を表す場合、「事象時間」が「想定時間」より進んでいる、を含意する。従って「時量」を表す場合は「事象時間」が「想定時間」より多いまたは長い、を含意する。

(9) “我们从恋爱算起，已经九年了。”

"哟，真的，**都**九年了，过得真快。"（BCC《妞妞》）
（「付き合いはじめてから数えるともう9年になるのよ。」）
（「あら、本当だ。もう9年になるのね。時間が経つのは本当に早いものだ。」）

（10）"保修卡上写着呢，商品售出10日内可以退换，现在**都**27天了。"（BCC《人民日报》1997）
（保証書に書いてあるよ。商品購入後10日以内なら返品可能だが、もう27日間経っているよ。）

(9)において、話し手は聞き手の発話"已经九年了"（もう9年になる）から"九年"という「事象時間」情報を獲得する。話し手の発話文に現れている感嘆詞"哟"は、「事象時間」情報を獲得した際の「驚き」を表出し、"过得真快"（時間が経つのは本当に早いものだ）は「時間が過ぎるのが思っているより早いと感じる」ことを表現する言い方である。従って"都九年了"は、聞き手によって提供された「事象時間」が、話し手の「想定時間」より長いことを意味する。

(10)では、返品交換を求めてきた聞き手に、話し手は"27天了"（商品購入後27日間経っている）という「事象時間」情報を提供し、"都"を用いて、聞き手の商品購入日数が返品交換期限を超過していることを認識させている。

このように話し手が"都"を用いて「時量」（「事象時間」）を聞き手に提示する時、そこには「事象時間」の量が「想定時間」の量を上回っている意味が含まれている。そしてこの「上回った時間量」は話し手の主観に強く左右され、時には非現実的な量を設定することにより、誇張された表現となるのである。

（11）他把手机号码给她**都**几百年了，她总算打了第一次。（BCC《爱意乱飞A》）
（彼が彼女に携帯電話の番号を渡してからだいぶ時間が経っているが、ようやく彼女から1回目の電話がかかってきた。）

“几百年了”（携帯電話の番号を渡してから何百年経った）という「事象時間」はあり得ない架空な「時量」である。話し手がこのような非現実的な時間量を設定したのは、「携帯電話の番号を渡してかなり時間が経った」という「事象時間」が、「携帯電話の番号を渡してからすぐ電話がかかってくるだろう」という自身の「想定時間」をだいぶ上回り、話し手が主観的に大きく捉えているからである。

一方“才”も「時量」を表すことができるが、「時点」を表す時と同様、“都”と対照的である。「時量」を表す“才”は、「事象時間」が「想定時間」より短いまたは少ない、を含意する。

（12） 我溜冰**才**两天，可效果奇佳！我体重猛增，上膘了，神经衰弱彻底好了。（BCC《请保重》）
（スケートをしてまだ2日間だが、すごい効果だ！体重が激増して太ったし、神経衰弱も完治した。）

（13） 开车走高速，5个半小时；高铁最快，几乎同样距离，北京到邯郸高铁**才**2个小时。（BCC《人民日报》）
（車で高速道路を使うと5時間はかかる。高速鉄道が一番速い。ほぼ同じ距離で、北京から邯鄲までたったの2時間だ。）

(12)の“两天”（2日間）は、実際スケートをした「事象時間」であるが、“效果”（後文脈「体重が増えて神経衰弱も治った」を指す）を生み出す時間でもある。“才”を用いると、“两天”という「事象時間」が、話し手“我”が思っている“效果”が現れるに必要な「想定時間」より「短い、少ない」意味を含意する。

そして(13)の“2个小时”（2時間）は、北京から邯鄲まで高速鉄道を使った場合に必要とする「事象時間」である。話し手は“才”を前置させ、“2个小时”という「事象時間」が、前の文脈で提示した“开车走高速，5个半小时”（車で高速道路を使った場合は5時間かかる）という「想定時間」より「短い、少ない」を表している。

3.2で考察した内容に基づいて、前掲の表1に修正・補足を加え、表2

のようにまとめる。

表2

	「時点」を表す場合	「時量」を表す場合
都	時間的意味： 「事象時点」が「想定時点」より進んでいる	時間的意味： 「事象時量」が「想定時量」より長い、多い。
才	時間的意味： 「事象時点」が「想定時点」より遅れている	時間的意味： 「事象時量」が「想定時量」より短い、少ない。
	機能： 「事象時点」で「想定時点」を修正する	機能： 「事象時量」で「想定時量」を修正する。

4. 時間的概念の拡張

4.1 「時間」から「他の数量」へ

"都"と"才"が含意する「想定時間」と「事象時間」のずれは、両者の後に（時間以外の）数量フレーズが置かれた場合、「物理的数量」と「心理的数量」のずれ、「標準値」と「比較対象値」のずれを表すことができる。

(14) "七十四了，不活动活动成吗！"他**都**七十四了！真不像。

(BCC《卖蚯蚓的人》)

（「74 歳になったのだから運動しないといけないよ！」あの人はもう 74 歳なのか！全然そう見えなかった。）

"七十四"（74 歳）は「物理的数量」、つまり実際の年齢である。後続する"真不像"（全然そう見えなかった）から、話し手の「心理的数量」、つまり推測年齢は74歳より若く、“都”はこの2つの量の間にずれが存在していることを含意する。

(15) “你们**才**两个，我们人无数。同我们作对，没好结果的。”
(BCC《战争和人》)
(「君たちは2人だけで、僕たちは大勢いる。僕たちに反抗しても無駄だ。」)

話し手は“我们人无数”(僕たちは大勢いる)で“我们”の数を「標準値」と設定し、聞き手の数“两个”を比較対象値としている。“才”をもって「比較対象値」が「標準値」に及ばないことを聞き手に認識させている。

4.2 「時間」から「到達段階」へ

“都”の後は名詞性フレーズを置くことが可能であるが、この名詞性フレーズは「＋段階性」、つまり「段階を踏んで到達する」という意味特徴を有する場合がある。

(16) 婚礼不欢而散，各自都做好了离婚的准备。奇怪了，就是离不掉。到老一看，天哪，**都**金婚了。(BCC《推拿》)
(結婚式はけんか別れになり、2人はそれぞれ離婚の準備もした。でも不思議なことに離婚しなかった。気づいたらもう金婚式を迎えることになった。)

文脈から「結婚式がけんか別れになって、離婚の準備もしたため、2人はとっくに別れただろう」というのが話し手の想定であると推測される。しかしこの想定は「2人が金婚式を迎える」という事実によって覆される。“金婚”は「結婚50周年」の意味であり、「紙婚式」から20以上の段階を踏んで到達できる段階である。“都”は話し手の「想定段階」(“离婚”)と「現実段階」(“金婚”)のずれを強める役割を果たす。

（17） 她突然问：“你爱我吗？” 我睁开眼，她正凝视着我，我又闭上眼：“怎么想起问这个？”“我想要你说。”“多俗呵，咱**都**老夫老妻了 ，还弄这俗景干嘛？” （BCC《给我顶住》）
（「私のこと、愛してる？」彼女は突然聞いてきた。目を開けたら彼女が僕をじっと見つめていた。僕は再び目を閉じて言った。「なぜそれを聞く？」「言ってほしいから。」「俗っぽいな。もうとっくに夫婦なんだから言う必要なんてないだろう？」）

聞き手“她”は「夫婦になっても愛していると言ってほしい」と話し手“我”に求める。しかし話し手は「夫婦になったのだから改まって愛していると言うのは俗っぽいことだ」、つまり聞き手と異なる認識を持っているため拒否している。“老夫老妻”は「恋人同士から結婚して夫婦関係になり、時間がだいぶ経っている」という段階を踏んで到達するものであり、“都”は人間関係の到達段階に付随する話し手と聞き手の考えや主張のずれを強める働きをする。

4.3 「時間」のずれから「認識」のずれへ

“才”は相手の発言に対する「反駁」に用いることができる。「反駁」とは、相手の主張、判断、評価などに対して反対の意見を述べることである。言い換えれば、話し手と相手はある事柄に対する主張、判断、評価などにおいて「ずれ」が存在していることが前提となる。

（18） 姜伟冷眼看着林长东，讽刺道：“没想到你这样卑鄙。”“你**才**卑鄙呢！”林长东跳起来骂。 （BCC《表姐表妹》）
（姜偉は冷ややかな目で林長東を見ながら、皮肉を言った。「お前がこれほど卑劣なやつだとは思わなかった。」「お前の方こそ卑劣だと思うけど。」林長東はひどく怒った。）

（19） 惠枌推被坐起，冷冷地说：“有什么好谈的！简单得很，离婚就是了。”“离婚**才**复杂呢。”明经赔着笑脸，把鞋拿在手上，要为

惠粉穿鞋。　　　　　　　　　　(BCC《东藏记》)
(惠粉は布団を押しのけて半身を起こし、冷たく言った。「何を話すの。簡単よ。離婚すればいい。」「離婚の方がややこしいさ。」明経は作り笑いを浮かべながら靴を手に取って惠粉に履かせようとした。)

(18)で、まず聞き手“姜伟”が話し手“林长东”に対し“卑鄙”(卑劣である）という評価を下している。これに対し、話し手は「自身が卑劣であるとは思わない」ことから“才”を用いて“你才卑鄙呢！”(卑劣なのは私ではなくお前だ）と返している。(19)ではまず聞き手“惠粉”が「離婚で簡単に解決できる」という主張を持っているが、話し手“明经”は「離婚は簡単だとは思わない」ことから“才”をもって“离婚才复杂呢。”(離婚の方がややこしい）と反論している。

話し手は“才”を用いて相手とのずれを強調し、自身が言明する命題内容について高い確信度を持っている[4]ため、相手の意見や主張に反論するといった「反駁」の効果が生まれるのである。

5. おわりに

時間を表す“都”と“才”は、「時点」を表す場合、両者は「想定時点」と「事象時点」のずれを意味する。“都”は「事象時点が想定時点より進んでいる」を、“才”は「事象時点が想定時点より遅れている」を含意する。そして両者が「時量」を表す場合、「想定時量」と「事象時量」のずれを意味し、“都”は「事象時量が想定時量を上回る」を、“才”は「事象時量が想定時量を下回る」を含意する。時間的意味を表す“都”と“才”は、「事象時間」で「想定時間」を修正する役割を果たすため、単なる時間表現というより、それを超えて否定の機能を有すると言える。

4　“才”の語用論的特徴として「断定の語気を強める」という点は多くの文献で言及されている。

また“都”と“才”はずれを前提とし、「物理的数量」と「心理的数量」のずれ、「標準値」と「比較対象値」のずれ、「到達段階に付随する考えや主張」のずれ、「ある事柄に対する主張、判断、評価」のずれを表すなど、時間的概念から多様な概念領域への意味拡張が見られる。

参考文献

白梅丽 1987.〈现代汉语中“就”和“才”的语义分析〉,《中国语文》第 5 期, pp390–398.
崔希亮 1990.〈试论关联形式“连…也 / 都…”的多重语言信息〉,《世界汉语教学》第 3 期, pp139–144.
吕叔湘 1942.《中国文法要略》(汉语语法丛书 商务印书馆 1982)
——— 1980.《现代汉语八百词》商务印书馆
马真 1981.《简明实用汉语语法》北京大学出版社
宋红梅 2008.〈“都 NP 了”句式的句法语义分析〉,《云南师范大学学报》第 6 卷第 6 期, pp46–50.
王红 1999.〈副词“都”的语法意义试析〉,《汉语学习》第 6 期, pp55–60.
王力 1943.《中国现代语法》(《王力文集 第二卷》1985 山东教育出版社)
徐以中, 杨亦鸣 2005.〈副词“都”的主观性、客观性及语用歧义〉,《语言研究》第 3 期, pp24–29.
詹卫东 2004.〈范围副词“都”的语义指向分析〉,《汉语学报》第 1 期, pp74–84.
张静 1987.《汉语语法问题》中国社会科学出版社
张谊生 2000.《现代汉语副词研究》学林出版社
乾信雄・小谷善行 2000.「日本語時間副詞の意味表現」,『人工知能』Vol.15, No.4, pp711–718.
李貞愛 2009.「中国語の副詞による否定」,『日中言語文化』桜美林大学紀要 (7), pp17–29.
Hornstein, N. 1977. Towards a Theory of Tense *Linguistic Inquiry* Vol.8, No.3, pp521–557.

限定と排除：範囲副詞“只”“光”と“净”[1]

1．はじめに

中国語の副詞の中で動作・行為が及ぶ範囲を限定するものと言えば、“只”“光”“净”が挙げられる。

（1） A：这儿有各种各样的水果，你随便吃。
（ここにいろいろな果物があるから、好きなように食べて。）
B1：我**只**吃苹果。
（私はりんごだけを食べる。）
B2：我**光**吃苹果。
（私はりんごだけを食べる。）
＊B3：我**净**吃苹果。

Aの「勧め」に対して、B1とB2はそれぞれ“只”“光”を用いて、“吃”（食べる）の対象を“苹果”（りんご）に限定し、“苹果”以外のものを対象から排除している。この場合、B3が示すように“净”の使用は容認されない。

1　本章は、李貞愛2002.「副詞“净”について」,『中国語学』No249, pp181－195. を元に修正加筆したものである。

(2)　A：　你这几天都吃什么了？
　　　　　(ここ数日何を食べたの？)
　　　B1：我**只**吃了苹果。
　　　　　(私はりんごだけを食べた。)
　　　B2：我**光**吃苹果了。
　　　　　(私はりんごばかり食べた。)
　　　B3：我**净**吃苹果了。
　　　　　(私はりんごばかり食べた。)

(2)ではAの質問に対して、B1、B2、B3は、共に“吃”(食べる)の対象を“苹果”(りんご)に限定し、“苹果”以外のものを対象から排除している。この場合“净”の使用は容認される。(1)と(2)を見ると、“净”は“只”、“光”と違って、過去の出来事に対してのみ使用可能であるようだが、(3)を見るとそれ以外にも制限を受けていることがわかる。

(3)　A：　你早上吃什么了？
　　　　　(朝は何を食べたの？)
　　　B1：我**只**吃了一个面包。
　　　　　(私はパンを1個だけ食べた。)
　　？B2：我**光**吃了一个面包。
　　＊B3：我**净**吃了一个面包。

(3)は(2)と同様、過去の出来事について述べるものであるが、B1が自然な文であるのに対し、B2は容認度が低い文[2]、B3は非文となる。これは、過去の出来事であっても“净”は数量に対して限定することができないという性質を持っていることを示唆している。

2　BCCコーパスで調べたところ、「“光”＋VP＋“了”＋数量フレーズ＋～」形式の用例は、“他没穿外衣，光穿了一件西服背心。”の1例のみで、“光”を用いた文と対照的な意味をなす先行または後続文脈が必要であることを示唆している。

(1)(2)(3)を見る限り、“只”“光”“净”は、共に限定する対象に対しては肯定的で、対象以外に対しては排除的、否定的という意味機能を持っていると同時に、上述のような使用における違いも存在することがわかる。

2. “光”と“只”による限定

2.1 “光”の場合

“光”は、意味的には限定対象に対して肯定的であり、限定対象となるのは動作・行為自体または動作・行為が及ぶ対象である。

(4) “**光**说不行，还得表演！谁不知道钱麻子是表演专家！”
(BCC《虹》)
(「話すだけでは駄目だ。演技もしてもらわないと！銭麻子が演技のエキスパートであることは皆知っているよ！」)

話し手は“光”を用いて“说”(話す)を限定し、“说”については肯定的であるが、“表演”が排除されているため、“不行”(駄目である)を用いて、“说”だけでは足りないといった意味を表している。

(5) “哎，你怎么回事？我跟你说话，你就**光**看书，破书有什么好看的？”
(BCC《过把瘾就死》)
(「ねえ、どういうつもりなのよ。私が話しかけているのに本ばかり読んで。そんなくだらない本、何が面白いの？」)

話し手は“光”を用いて、聞き手の行為を“看书”(本を読む)に限定しているが、前文脈の“我跟你说话”(私があなたに話しかけている)から、聞き手の行為が“听我说话”(私の話を聞く)を排除していることが読み取れる。“你就光看书”は“看书”に限定して“听我说话”を排除している聞き手に対する否定的態度を表出していると言える。

(6) “我不活了，我死了算了。”“可别！”我大惊失色抢上一步拦腰抱住他，冲吴胖子刘会六他们嚷嚷：“你们怎么**光**看着？快接一下呀！” （BCC《一点正经没有》）
（「もう生きたくない。死んでしまいたい。」「やめろ！」私は驚いて急いで彼の腰にしがみ付き、デブ呉と劉会六たちに向かって叫んだ。「見てばかりいないで速く手伝えよ。」）

話し手は“光”を用いて、“吴胖子刘会六”たちの行為を“看着”（見ている）に限定し、“接”つまり「手伝う」を排除している。自殺しようとする人がいるのに、「近くで見る」行為だけを行う（限定する）聞き手に対する不満を表している。

このように“光”は意味的には限定対象（X とする）を肯定し、限定対象（X）以外を排除しているが、機能的には「限定対象 X のみでは足りない、駄目である」といった話し手の否定的態度を表す。“光”が「“光”＋VP1 ＋“不”＋ VP2」[3] という形式でよく用いられるのもこれを裏付けている。

2.2 “只”の場合

“只”も“光”と同様に、意味的に限定対象を肯定する。

(7) 肖童摇头，“我哪儿也不想去，我**只**想一个人安静地呆着。” （BCC《永不瞑目》）
（肖童は頭を横に振りながら言った。「僕はどこにも行きたくない。ただ１人になりたいだけなのだ。」）

(8) 张伟坚决回答：“其他后果我不考虑，我**只**考虑一个后果，那就是将犯罪分子送上法庭。” （BCC《人民日报》）
（張偉は断固として答えた。「私は犯罪者を法廷に立たせること

3 例えば、“光吃饭不干活”；“光写不读”；“光说不做”など。“只”も「“只”＋VP1 ＋“不”＋ VP2」という形式で用いられる場合が多く見られる。

だけを考える。他のことは何も考えない。)

(7)で話し手“肖童”は“只”を用いて、“想”の対象を“一个人安静地呆着”に限定し、(8)で話し手“张伟”は“考虑”が及ぶ対象を“将犯罪分子送上法庭”の1つに限定している。いずれも話し手は限定対象に対して肯定的である。

しかし(9)は異なる。

(9) 有的同志为了赶任务，**只**追求产量，忽视质量。

(BCC《福建日报》1970/1/21))

(一部の人は仕事を間に合わせるために、生産量だけを求め、品質をないがしろにしている。)

“只”を用いて、“追求”の対象を“产量”に限定し、意味的には“追求产量”に対して肯定的ではあるが、機能的には“追求产量”だけでは駄目であるという語り手の主観的態度を表している。

ここで一旦“只”と“光”の意味と機能について表1のようにまとめておく。

表1

	意味	機能
只	限定対象Xについて肯定的で、X以外については排除。	1) 限定対象Xで十分である。 2) 限定対象Xでは足りない、駄目である。
光	限定対象Xについて肯定的で、X以外については排除。	1) 限定対象Xでは足りない、駄目である。

2.3 “光”“只”と数量フレーズ

“只”によって限定される対象は、(10)(11)が示すように数量フレーズを伴うことが可能である。

(10) 他说:“你知道，我生平**只**爱过一个人，就是她！”

(BCC《午夜吉他》)

(「あなたも知っているように、私は生涯ただ1人だけを愛し続けた。それが彼女だ。」と彼は言った。)

(11) “我与他相当投缘，虽然**只**见过几次面……”(BCC《玻璃娃娃》)

(「私は彼とはとても気が合う。数回しか会っていないが……)

(10)の“只爱过一个人”、(11)の“只见过几次面”のように、“只”の後は「VP＋数量フレーズ」が続き、限定対象の量が少ないことを含意する。そして(10)と(11)の“只”は“光”に置き換えられない。しかしこれで“光”が数量フレーズと共起できないかというと、(12)が示すように決してそうではないことがわかる。

(12) 小学、初中、高中有学生8000多人，**光**一个小学就有学生3929人，成为“亚洲第一小学”。

(BCC《人民日报》1996/11/20)

(小学校、中学校、高等学校を合わせて8000名あまりの生徒が在籍しているが、小学校一つだけで3929名の生徒がいて、「アジアナンバーワンの小学校」になっている。)

“光”の後に“一个小学”という「数量フレーズ＋NP」が続いている。ただ、“只”に後続する数量フレーズの場合と性質が違う。(10)(11)で“只”に後置される“一个人”“几次面”はいずれも「少量」であり、“只”の意味指向は数量成分である。そして(13)(14)のように、実際の数量とは関係なく、話し手が「少量」と思えば“只”は使用できる。

(13) 今天晚上爸爸**只**吃了十个饺子。

(今晩父は餃子を10個しか食べなかった。)

（14） 这个月我**只**赚了两万块钱。
（今月私は2万元しか稼げなかった。）

(13)は「父はもっと食べられるはずだ」が含意され、“只吃了十个饺子”は話し手が想定した数量より少ないことを意味する。そして(14)の“只赚了两万块钱”は、話し手の想定金額より少ない意味を表す。(13)(14)は共に話し手の想定数量に対する否定として捉えられる。

一方“光”の場合、(12)について言えば“一个小学”は「少量」というより、「小・中・高3つの校種のうち小学校1つに限定し、中学校と高等学校は排除する」に意味の重点が置かれている。従って“光”の意味指向は数量フレーズの後の名詞性成分である。

上記の考察内容を前掲の表1に反映させ、以下表2として示す。

表2

	意味	機能
只	1）限定対象Xについて肯定的で、X以外については排除。 2）数量フレーズと共起可能で、意味指向は数量成分。	1）限定対象Xで十分である。限定対象Xでは足りない、駄目である。 2）「少量」を強調する。
光	1）限定対象Xについて肯定的で、X以外については排除。 2）数量フレーズと共起可能で、意味指向は（数量フレーズの後の）名詞性成分。	1）限定対象Xでは足りない、駄目である。 2）「数量フレーズ＋名詞性成分」を1つの類[4]と見做し、限定する。

4 本章で言う「類」とは、互いに似た性質でまとめられるものの集合を指す。

3. “净”の場合

限定対象に対して肯定的意味を主張する副詞にもう一つ“净”がある。

(15) 我这几天**净**吃方便面了。
(私はここ数日インスタントラーメンばかり食べていた。)

“净”は行為“吃”が及ぶ対象を“方便面”に限定し、“方便面”以外については排除している。(1)(2)(3)で見たように、“净”は使用にあたっては様々な制限を受ける。

3.1 これまでの指摘

“净”は“只”や“光”と同じように範囲副詞とされ、一般的に以下の文が示すように3つの意味があるとされている。

(16) **净**顾着说话，忘了时间了。
(お喋りばかりしていて、時間を忘れてしまった。)

(17) 白眼狼这个人，肚子里**净**是坏水儿。 (《现代汉语虚词词典》)
(あの恩知らず、腹は悪だくみでいっぱいだ。)

(18) 解放前，那些军阀们，不是你打我，就是我打你，**净**折腾老百姓。 (《现代汉语虚词词典》)
(解放される前、あの軍閥たちは戦争ばかり起こしやがって、いつも百姓たちを苦しめていた。)

(16)では、動作・行為が及ぶ範囲を限定する意味、(17)では、“是”と一緒に名詞あるいは名詞性フレーズの前に用いられ、事物の範囲を統括する意味、(18)では、動作・行為または状況が持続、重複されることを表す。《现代汉语八百词》(1980)、《汉语虚词词典》(1989)、《现代汉语规范字典》(1998)は、“净”が上述の意味を持ち、実際の使用において、“光”“只”“都”“全”“老”“总”などと置き換えられるという点でほぼ一致している。また“净”の基本義についての指摘は、《现代汉语规范字典》(1998)では“表示单纯，没有别的”(純粋で、他のものが混じっていない)と、《汉英虚词词典》(1992)では“指复数事物纯属于某一类，排除其他”(複数の事物が1つの類に属し、他を排除する）と記述されている。そして張健華(1998)では、「ある範囲を限定し、その他のものはない[5]」を“净”の基本義とし、「述語が示している動作行為に対して不満や好ましくないという否定的な評価によく用いられる[6]」と指摘している。

3.2　疑問点

このように、“净”について先駆的、興味深い指摘がたくさんされてきた。ただ、これらでは十分に説明できない言語現象は依然として存在している。

3.2.1　「単純説」について

“净”は次のような非文現象を引き起こす。

(19)　A：能谈一下你的学习、生活情况吗？
　　　　(あなたの勉強、生活などについて話してもらえますか？)
　　*B1：我**净**谈学习问题。
　　　B2：我**只**谈学习问题。
　　　　(私は勉強だけについて話をします。)

(20)　A：你以后还会来看我吗？
　　　　(これからも会いに来てくれますか？)
　　*B1：我以后会**净**来看你的。
　　　B2：我以后会**老**来看你的。
　　　　(これからも時々会いに来ますから。)

5　張健華 1998、p109。
6　張健華 1998、p106。

(19)のB1は“净”を用いて“谈”が及ぶ範囲を“学习问题”に限定している、つまり“学习问题”について肯定的に主張しているが許容できない。そして(20)のB1は“净”をもって“看你”という状態がこれから持続することを表しているが、これも容認できない文である。しかし、(19)のB1、(20)のB1の“净”をそれぞれ“只”“老”に置き換えるといずれも自然な文となる。また「単純」と言えば、“只”“光”も「限定対象以外については排除する」を含意する。従って、“净”の基本義を「単純」だけに帰結しては上記の非文現象をうまく解釈できない。

3.2.2 「複数事物説」について

《汉英虚词词典》(1992)では、“净”の基本義を“指复数事物纯属于某一类，排除其他[7]”とし、特に統括の意味の“净”を用いる場合、主語は複数である必要があると指摘している。しかし(21)(22)が示すように、

(21)　A：　他们是做什么的？
　　　　　　(彼らは何をしている人ですか？)
　　　＊B1：他们**净**是留学生。
　　　　B2：他们**都**是留学生。
　　　　　　(彼らは皆留学生です。)
(22)　A：　这是谁的东西？
　　　　　　(これは誰のものですか？)
　　　＊B1：这些**净**是孩子的玩具。
　　　　B2：这些**都**是孩子的玩具。
　　　　　　(これは全部子供のおもちゃです。)

“他们”と“这些”が複数の人、複数の事物を表しているにも関わらず、“净”を用いた(21)のB1と(22)のB1は許容できない。しかし、“都”に

7　王还 1992、p177。
8　ここでは統括の意味として用いられる場合を指す。

置き換えた(21)のB2と(22)のB2は自然な文である。これは“浄”の使用において必須条件とされる「複数事物」が“都[8]”のそれとは質的に異なっていることを語っている。

3.2.3 張健華(1998)の指摘——「充満説」及び「動作行為への不満」

張健華（1998、p109）は“浄”について、ある範囲を限定し、その他のものはないと述べ、その例として次のような例文を挙げている。

(23) 箱子里**浄**是苹果。　　　　　　　　　　　（張建華1998）
　　（段ボールの中はりんごばかりだ。）

張健華(1998)はこの文について、「段ボールの中」という空間を「りんご」が満たしている意味であると解釈している。しかしこれが唯一の解釈にならないことは(24)で確認できる。

(24) 饭里**浄**是砂子。
　　（ご飯の中は砂ばかりだ。）

(24)は「ご飯（の中)」という空間が「砂」で満たされ、ご飯が一粒もない」と解釈されない。ご飯の中に砂がたくさん入っているならば、これは自然な文として許容できる。

張健華(1998)はまた“浄”の語用論的特徴として、述語が示している動作・行為に対して不満といった否定的評価を加える時に用いることが多いと結論づけている。しかし“浄”が単に動作や行為に対する不満を表すのなら、(23)(24)は述語が動作や行為を表すものではないため除外されることになるが、実際(23)(24)も話し手の不満を十分に表せる。

“浄”に関する以上3つの疑問点は解明する必要があり、またこれは“只”“光”との違いを示すことにも繋がる。

4. “净”の複数性

（25） 前排票已经卖完，**净**剩下后排的了。　　　（《现代汉语八百词》）
（前列の座席のチケットはすでに完売し、残っているのは後列の座席のチケットだけだ。）

（26） 今天**净**听你一个人的了。
（今日はきみ一人の話ばかり聞いた。）

(25)は“剩下”の範囲を“后排的（票)”（後列の座席のチケット）に限定し、“后排的（票)”以外については排除しているが、この場合後列の座席のチケットは1枚や2枚ではない。(26)は“听”の範囲を“你一个人的（话)”（きみ一人の話）に限定し、“别人的（话)”（他の人の話）については排除しているが、肯定された“你一个人的话”は決して一言や二言ではなく、たくさんである。つまり“净”は動作・行為が及ぶ範囲を1つの類に限定し、それについては肯定的で、且つその類を構成するメンバーが多数あることを含意するが、これは“只”、“光”と違うところである。前述のように、“只”は限定対象が単数の場合にも、複数の場合にも用いられ、“光”は後に数量フレーズを置いても、意味指向は数量フレーズの後の名詞性成分である。

表3に上記の内容を反映して示す。

表3

	意味	機能
只	1）限定対象Xについて肯定的で、X以外については排除。 2）数量フレーズと共起可能で、意味指向は数量成分。	1）限定対象Xで十分である。限定対象Xでは足りない、駄目である。 2）「少量」を強調する。
光	1）限定対象Xについて肯定的で、X以外については排除。 2）数量フレーズと共起可能で、意味指向は（数量フレーズの後の）名詞性成分。	1）限定対象Xでは足りない、駄目である。 2）「数量フレーズ＋名詞性成分」を1つの類と見做し、限定する。
净	限定対象Xについて肯定的で、X以外については排除。	限定対象Xを構成するメンバーは複数、つまり「多量」を強調する。

限定対象Xが複数で構成され、「多量」を強調する“净”のこういった意味機能は統括の意味として用いられる場合にも観察される。

(27)　这位太太来往的**净**是些阔人。　　　（CCL《青春之歌》）
　　（こちらの奥さんとお付き合いをしているのは金持ちばかりだ。）

(28)　街上人挺多，公园里人也挺多，**净**是些带着孩子来逛公园的年轻夫妻。　　　（CCL《我是你爸爸》）
　　（大通りには人が多い。公園の中も人が大勢いるが、皆子連れで遊びに来る若い夫婦たちばかりである。）

(27)は“这位太太来往的（人）”（こちらの奥さんとお付き合いをしている人）を統括しているが、“这位太太”とお付き合いをしている“阔人”

は1人や2人ではなく、複数いることを意味する。(28)は、“来逛公园的年轻夫妻”（公園に遊びに来る子連れの若い夫婦）が、1組や2組ではなく、何組もいる状態を指す。

統括の意味を表す“净”は“都”と互換できる場合がたくさんある。(27)と(28)の“净”はどちらも“都”に置き換えることができる。ただ両者は表す意味に違いがあり、“M 都是 N”は、「M の共通点は N である」を意味する。例えば、

(29) 我今天买的**都**是你爱吃的。
(今日買ってきたのは全部あなたの好きなものだ。)

と言った場合、“我今天买的（东西）”（私が今日買ってきたもの）すべてから、“你爱吃的（东西）”（あなたが好きなもの）という1つの属性が抽出され、今日買ったものが2つ以上あれば(29)の文は成立する。従ってこの場合“都”は「多量」を表すのではない。しかし、

(30) 我今天买的**净**是你爱吃的。
(今日買ってきたのはあなたの好きなものばかりだ。)

と言った場合、“你爱吃的（东西）”（あなたが好きなもの）は、この属性を備えた類を意味し、“净”によってこの類の構成メンバーが多数存在することを含意することになる。

5.“净”の「複数観察」機能

ここまでの考察から、“净”を用いる時、複数性が条件となることはすでに明らかになった。ただし、この複数性は1個1個独立したものの集合だけを指して言うのではない。というのは、例えば窓の外にたくさんの木が並んであるのを見て、

(31)　窗外**净**是树。
(窓の外は木ばかりである。)

と発話できるが、この場合“树”(木)は1本ずつ数えられるものである。そこで、“净是树”は「1本1本の木の集合体」と認識されるだろう。しかし(32)(33)(34)の場合はどうだろう。

(32)　你的脸上怎么**净**是土？
(顔は何で泥だらけなの？)
(33)　他的衣服上**净**是血。
(彼の服は血だらけだ。)
(34)　阿生慢慢的抬起头，无辜的眼中**净**是不安。　(BCC《财女》)
(阿生はゆっくりと顔を上げた。僕ではないと訴えているような目は不安だらけだった。)

(32)の“土”、(33)の“血”、(34)の“不安”は、(31)の“树”のように一つ一つ独立した個体ではない。それでもこれらが自然な文として機能するのは、やはり“浄”に「複数観察」機能があるからである。具体的に言うと、(32)は話し手が相手の目を見ても“土”、鼻を見ても“土”、即ち顔のどこを見ても“土”であることを意味する。(33)は、話し手が“他”の着ている服のあらゆる部分、例えば袖、襟など、どの部分を見ても“血”が滲んでいる状態に対する描写である。(34)は、目のどこを見ても不安な表情しか映っていないことを意味する。このように、話し手の観察が複数回行われ、得られた情報がすべて同じであるという時に“浄”が用いられる。

4で指摘した“浄”の複数性はこの観察回数の複数性を指す。まず、動作・行為が及ぼす範囲を構成する多数のメンバーとは複数回の観察の結果である。つまり“净剩下后排的了”は、残っているチケットを1枚1枚見ていくと、すべて「後列の座席のチケットだった」ということである。そして、ある属性を備えた類とはそのような属性が見出された行動が複数回行われたということである。つまり“这位太太来往的净是些阔人”は、こちらの奥様とお付き合いをいる人たち、例えば張さん、王さん、趙さん、孫さん……を１人１人見たことを指す。従って、

（28） 街上人挺多，公园里人也挺多，**净**是些带着孩子来逛公园的年轻夫妻。（CCL《我是你爸爸》）

は、「公園の中の人」についての複数回の観察であり、

（23） 箱子里**净**是苹果。

は、「段ボールの中に入っているもの」についての複数回の観察である。従って“净”は話し手の発話時点までに成り立っている眼前の状態に対する複数回の観察である。即ち“净”は出来事に対する観察である。

＊(35) 这些**净**是假货。
＊(36) 他们**净**是你的朋友。

が成立しないのは、“这些”“他们”が出来事ではなく物または人の集合であるため、“净”によって複数回にわたる観察をすることができないからである。逆に

（37） 这些**都**是假货。
（これらは全部にせものだ。）
（38） 他们**都**是我的朋友。
（彼らは皆私の友達だ。）

が成立するのは、“都”は出来事に対する観察ではなく、モノに対する観察だからである。

そして“净”による複数回の観察はすでに発生した目の前の事態に対し

てのみ有効である。換言すれば、“净”は未来のことについては使用できない。従って、

(39) a　他以后会**老**来看你的。
(彼は今後も常にあなたを訪ねてくるだろう。)

は許容できるが、

＊b　他以后会**净**来看你的。

は容認できない文になる。これは“净”が未来において発生する事態を現在の時点で限定し、複数回観察することが難しいからである。

6. “净”の偏り

(40)　我们那号里关的**净**是打架的，就一个倒粮票的、一个杆儿犯，叫我们挤兑惨了。　(BCC《动物凶猛》)
(俺らのところはほとんどけんかで監禁された人だ。中にクーポンのブローカーをやったやつと強姦罪を犯したやつがそれぞれ1人いるが、俺らがひどい目にあわせたぞ。)

(41)　我们院小孩的妈没几个是大房，**净**是后娶的。
(BCC《看上去很美》)
(うちの保育所の子供たちの母親は側室ばかりで、本妻は少ない。)

(40)では“净是打架的”と言いながら、後続の文では「クーポンのブローカーをやったやつと強姦罪を犯したやつもいる」と言っている。(41)では“净是后娶的”とは言っても、前文脈では「うちの保育所の子供たちの母親の中には本妻も何人かいる」と語っている。このことから“净”に

よって限定される対象の範囲は常に「純粋」ではなく、異物が混在している場合があると見られる。このような現象は私たちの日常生活の中でもよく見かける。例えば、

(42)　这几天我们**净**吃馒头了。
　　　(ここ数日私たちはマントウばかり食べていた。)

と言った場合、ここ数日「マントウ」以外のものは食べなかった場合はもちろん、そうではなく、他に餃子とか麺類や米類も食べたが、「マントウ」を割とたくさん食べた場合も自然な文として発話できる。しかし、

(43) a　这几天我们**只**吃了馒头。
　　　(ここ数日私たちはマントウだけを食べた。)
　　b　这几天我们**光**吃馒头了。
　　　(ここ数日私たちはマントウばかり食べた。)

は、ここ数日食べた物に「マントウ」以外のものが混じっていないことを表す。そして「マントウ」以外のものを食べていないことについては、(43) a は「それで十分である」と「それでは駄目だ」という２つの解釈が可能であり、どちらの解釈がより優先されるかはもう少し文脈情報が必要であるのに対し、(43) b は「マントウだけで嫌だった、他のものも食べたかった」などを含意する。

こうして見ると“净”は「単一、純粋」ではなく、「偏り」である。そしてこの「偏り」は絶対的（客観的）「多量」の場合のみ有効というわけではない。(44)がこれを裏付けている。

(44)　在一家餐馆里，一位顾客正把饭中的砂石一粒一粒地拣出来摆放在桌子上。服务员见了不好意思地说：“**净**是砂子吧？”顾客笑笑，摇摇头说：“还有米饭。”
(http://www.dushu369.com〈人际关系中的调味盐〉)

（あるレストランで、1人のお客さんがご飯に混じっている砂を1粒1粒取り出して机の上に並べた。ウェトレスはそれを見て恥ずかしそうに言った。「砂ばかりでしょう？」それを聞いたお客さんは笑いながら、首を振ってこう言った。「米粒もありますよ。」）

“净是砂子”は「砂」の量が「ご飯」より多いということを表すのではない。むしろ常識で考えると、ご飯の量が砂より圧倒的に多い。にもかかわらず“净”が使用可能であることは、絶対的「多量」というより、話し手“服务员”の「多量」という評価に由来する。そして話し手が「多量」と評価したということは、話し手が「量が多い」と思う回数分の観察をしていることを意味する。

7. “净”の「偏り」と否定

「偏り」という意味特徴を持つ“净”は偏っている状態に対する話し手の否定的態度を表す。

(45) “我一想起我们在一起的事就**净**是怎么跟你吵架。别人也这样吗？” （BCC《过把瘾就死》）
（私たちが一緒だった頃のことを思うと、あなたとのけんかばかりだわ。他の人もこうかしら？）

(46) “好的不说，一开口**净**是不吉利的话。” （BCC《灾难》）
（良い言葉は言わず、口を開けば縁起でもない話ばかりだ。）

(45)は2人が一緒だった頃のことが美しい思い出などではなく「けんかが多かった」という過去の事態に対する話し手の否定的態度を表し、(46)は相手の話が「縁起でもない話が多かった」ことに対する話し手の否定的評価を表す。従って、3.2.3で挙げた(23)は「段ボールにりんごしか入っていない、或いはりんごがたくさん入っている」事態に対する話し手の不満、(44)は「ご飯の中に砂がたくさん入っている」事態に対する話し手の否定的評価を表す。

“净”はまた、偏った眼前の事態を招いた主体（動作主・行為主）に対する否定的態度を表すことができる。

(47) “快出去吧，你。**净**添乱。” (BCC《无人喝彩》)
(「さっさと出て行きなさい。邪魔してばかりだ。」)

(48) 安佳听了十分不乐意，说**净**欺负我们方言。 (BCC《一点正经没有》)
(安佳はそれを聞いてとても不快に思い、うちの方言ばかりいじめていると愚痴を言った。)

(49) “让我们也听听怎么识别好人坏人。我们都这么大岁数了，还**净**上当。” (BCC《谁比谁傻多少》)
(「善人と悪人をどう見分けるか私たちにも聞かせて下さい。もうこの年なのにまだ騙されてばかりいるんだから。」)

(47)は“添乱”（邪魔した）の聞き手、(48)は“欺负我们方言”（うちの方言をいじめた）の人、(49)は“上当”（人に騙された）の自分たち、つまりそのような偏った事態を招いた動作主・行為主に対する否定的態度を表出している。

8. 形容詞“净”との意味的関連性

ここまでの考察をまとめると、副詞“净”は「出来事に対する複数回の観察を行った結果すべて同じ情報に帰属される」がその基本義であり、「偏り」といった意味特徴も複数回の観察がもたらしたと言えよう。そして「偏り」であるために、そのような事態及びそのような事態を招いた動作主・行為主に対する話し手の否定的といった主観的態度を表す。

“净”のこういった意味は形容詞“净”に由来していると思われる。张谊生(2000)では、副詞“净 / 老 / 白 / 直 / 怪 / 挺 / 干”などについて“某个实义位渐趋虚化，另一个实义位仍然保留，随着虚化进程的完成，另外派生出一个同形的副词，是分化的结果。[9]”と指摘している。形容詞としての“净”は「不純物が取り除かれた、清められた状態」を指す。「清められた状態」であるかどうかは、まず「不純物」が存在するかどうかを調べ、もし存在するならば、それらを逐次的に取り除く必要がある。従って副詞“净”の「複数回の観察」と「同じ情報に帰属される＝他の情報が排除される」は形容詞“净”の意味の漂白であるとも言えよう。

参考文献

季安锋 2000.〈时间副词“老”的意义〉,《汉语学习》第 5 期，pp65–69.

李行健主编 1998.《现代汉语规范字典》语文出版社

吕叔湘 1980.《现代汉语八百词》商务印书馆

唐启运・周日健主编 1989.《汉语虚词字典》广东人民出版社

王还主编 1992.《汉英虚词字典》华语教学出版社

张谊生 2000.《现代汉语副词研究》学林出版社

池上嘉彦 1975.『意味論』大修館書店

太田朗 1980.『否定の意味』大修館書店

郭春貴 1997.「語気副詞“都”について」,『広島修大論集』第 38 巻第 2 号，pp157–177.

金水敏・工藤真由美・沼田善子 2000.『日本語の文法 2　時・否定と取り立て』岩波書店

定延利之 2001.「探索と現代日本語の「だけ」「しか」「ばかり」」,『日本語文法』第 1 巻第 1 号，pp111–136.

張健華 1998.『日中語の限定表現の研究―「だけ」「ばかり」「しか」と“只”“净”を中心に――』恂文社

三宅登之 2001.「“毎”と“都”のイメージスキーマ――統括と個別指示」,『日本中国語学会第 51 回全国大会予稿集』，pp80–84.

森山卓郎・仁田義雄・工藤浩 2000.『モダリティ』（日本語の文法 3）岩波書店

李貞愛 2002.「副詞“净”について」,『中国語学』No249，pp181–195.

9　张谊生 2000、p372。

確認の“啊”：諾否疑問文に用いられる場合[1]

1. はじめに

中国語の語気助詞の中で、“啊”ほど広範に使用され、意味と機能が多様なものはないと言ってよいだろう[2]。本章では“啊”のすべての意味機能を網羅して統一的な説明を与えることを目指していない。(1) B のように、諾否疑問文の文末に用いる“啊”に注目し、「確認」という、話し手側が情報を受け取るといった機能について考察する。

(1)　A：我下个星期去北京。
　　　(私は来週北京に行く。)
　　B：你去北京**啊**？下个星期二我过生日。
　　　(北京に行くの？来週火曜日は私の誕生日だよ。)

話し手 B の確認内容：A の発話“我下个星期去北京”の信憑性

話し手 B の確認情報となる命題“你去北京”（あなたが北京に行く）は、聞き手 A の発話“我下个星期去北京”から直接得られた情報である。話し手 B は聞き手 A の発話を一部引用し、文末に“啊”を添えて諾否疑問文の形で聞き手 A に確認している。“啊”のこういった用法については赵

1　本章は李貞愛 2001.「確認の“啊”と“吧”」,『お茶の水女子大学中国文学会報』第 20 巻，pp365-354. を元に加筆修正したものである。

2　储诚志 1994 は 14 部の文法著書を調べたところ、“啊”に 50 ぐらいの意味と機能があるという結果が得られた。

元任(1968)ですでに指摘されている[3]。そこで述べられている“求证式问话”（確認質問文）は(1)のように「先行する相手の発話を引用した上で問い返す」だけに限っているが、実際そうではない場合もよく見られる。例えば次の(2)のような場合である。

(2)　A：你是什么地方人？（ご出身はどちらですか？）
　　 B：我是东京人。(東京です。)
　　 A：你是日本人**啊**？（日本の方ですか？）

話し手Ａの確認内容：聞き手Ｂが日本人であることの信憑性

話し手Ａの確認情報となる命題“你是日本人”（あなたは日本人だ）は、聞き手Ｂの発話“我是东京人”の引用ではなく、聞き手Ｂの発話に基づいて話し手が導き出した情報である。

では話し手が“啊”を用いて確認しようとする情報にどういったものがあり、“啊”はどういった働きをするのか、また文末に“吧”を置いて確認する場合とどう違うのか。次節からこの３点について順次考察して行く。

2. “啊”を用いて確認しようとする情報

「確認」とは「確かにそうであることを認める[4]」ことである。聞き手に確認することは、「聞き手に対して確かにそうであると認めることを要求する」という意味である。この節では、話し手が“啊”を用いて聞き手

3　赵元任 1968 では“求证式问话是对别人前头说的话再问一声，看看自己有没有听错”と述べている。朱德熙 1982 でも「相手の意向や発言に対する確認に用いられる」と指摘している。また吕叔湘 1980 では「諾否疑問文の文末につき、質問の目的は確認にある」と説明している。

4　『新明解国語辞典』1994 第四版（小型版）による。

に確認しようとする情報がどのようなものかを考察する。

2.1 知覚情報

(3) “千万别辜负我们对你的期望啊。”我拍丰妞儿肩作语重心长状。丰妞儿白我一眼，说我讨厌，作势欲走。吴建新拉住她，涎着脸对她说：“别走啊，说好咱们仨请许立宇的，还指望你那二百块钱付帐呢——还真走**呀**[5]？” （BCC《许爷》）
(「絶対に私たちの期待を裏切らないでね。」私は豊妞児の肩を叩きながら思いやり深く言った。すると豊妞児は白目で私を睨みながら、嫌なやつだと言って帰ろうとした。呉建新はすぐ彼女を引き止め、「帰るなよ。3人で許立宇を招待すると言ったじゃないか。きみに二百元払ってもらおうとしていたのに——本当に帰ってしまうのか？」と言った。)

話し手“吴建新”が確認しようとするのは「豊妞児が帰る」事態の信憑性である。この確認情報は、話し手が視覚（“丰妞儿白我一眼，说我讨厌，作势欲走”）に基づいて推論した情報であるため、信憑性については聞き手“丰妞儿”本人に確認を取る必要がある。そして“还真走呀？”に副詞“真”があることから、話し手が「豊妞児が帰る」事態の発生について疑っていることが読み取れる。

人間は、現実が期待していたこととずれが生じた時や、眼前の事態がいつもと違う時に、ある種の疑念を抱くものである。(3)で話し手“吴建新”の中では「3人で許立宇を招待すると言った以上、“丰妞儿”は先に帰ってはいけない」という認識を持っている。しかし“丰妞儿”が帰ろうとする眼前の状況は自分の認識に反するため、「疑い」が生じ、“啊”を用いて聞き手“丰妞儿”本人に確認を求めるのである。

---

5 “啊”は発音の際、その前の連なる音節の末尾音によって“啊、阿、呀、哇、哪”などに音変化を起こす。

(4) 慧芳白他一眼，“这事没完，回头还得跟你辩论。”夏顺开笑呵呵的：“不用辩论了，我认输。我昨晚仔细想了想，你是对的。”“昨晚是不是无理狡辨？”“是。其实我一开始已经认错了。只不过你不依不饶，激起了我辩的勇气。”“你那叫认错**呀**？气势汹汹，能把谁吃了。” （BCC《刘慧芳》）

（慧芳は彼を白目で睨んだ。「この件はまだ終わっていないんだから。後でまた話すから。」夏順開は笑いながら「話す必要なんてないさ。俺の負けだ。夕べよく考えてみたらやっぱりお前のほうが正しかった。」と言った。「じゃ、夕べは詭弁だったのね。」「うん。でも俺、最初は悪いと認めたよ。お前が耳を貸さないから言い訳をしたんだ。」「あれで自分の非を認めていると言えるの？誰かを食べてしまうように恐ろしくくってかかってきたくせに。」）

聞き手“夏顺开”は“其实我一开始已经认错了”（最初は悪いと認めた）と主張しているが、話し手“慧芳”は聞き手の発話の一部“认错”（聴覚から得た情報）を引用しながら、“你那叫认错呀？”（あれで自分の非を認めていると言えるのか）という形で聞き返しながら確認を求めている。確認を求める理由は、聞き手が“气势汹汹，能把谁吃了”（誰かを食べてしまうように恐ろしくくってかかってきた）という態度を取っていたため、「自分の非を認めているとは思えない」と話し手が認識しているからである。つまり話し手からすれば、聞き手の態度（視覚で確認できる状況）は自分が期待していた（あるいはイメージしていた）「非を認める者の態度」と異なる。従って話し手は聞き手によって提供された（話し手が聴覚と視覚から得られた）情報の信憑性について疑い、“啊”を用いて聞き手に確認を求めるのである。

このように、話し手が“啊”を用いて確認しようとする情報は、まず目や耳などから感じ取る「知覚」した情報が挙げられる。

2.2 推論情報

(5)[6] A “搞艺术，还是北京好，机会多。”
B “当然了，还用你说。”
A “咱那买卖怎么着了，不开了？”
B “你还想**呐**[7]？我早忘了。你说去云南你也没去呀。”

（BCC《编辑部的故事》）

(「アーティストになるのなら、やはり北京がいい。チャンスも多いし。」
「もちろんさ。お前に言われなくてもわかっているよ。」
「ところで俺たちのあの商売の話はどうなった、やめちゃうの？」
「まだ覚えているのか？俺はとっくに忘れたよ。お前雲南に行くと言っておいて全然行ってないじゃないか。」)

聞き手Aは、「私は今もあの商売の件を覚えている」と明言していない。話し手Bは聞き手の発話“咱那买卖怎么着了，不开了？”（俺たちのあの商売の話はどうなった、やめちゃうの？）の意味から、「聞き手が今もそのことが気になっている」と（言外の意味を）推論するが、これは後文脈で提示された話し手の認識“我早忘了。你说去云南你也没去呀。”（私はとっくにあの商売の件を忘れて、お前も雲南に行くと言っておいて行っていないから、お前も忘れているだろう）と対立する。話し手が自らの直接体験からではなく、聞き手の発話に基づく推論情報は二次的なものであるため、信憑性が低く、聞き手に確認を求める必要が生じるのである。

(6) 和尚：“酒倒是可以喝两口，只是不吃素。”
牛大娘：“那当然，出家人嘛……咦？不吃素，这么说你还吃肉

6 AとBは、話し手と聞き手がわかるように、筆者が付けたものである。
7 “呐”は“呢”に“啊”が加えられたものである。

啊？”　　　　　　　　　（电视剧《东北一家人》）

（和尚さん：「お酒は少し飲めるけど、精進料理は食べないね。」）

（牛お婆さん：「それは当然だ。出家した人間だから……えっ？精進料理を食べないって、じゃ肉は食べるの？」）

話し手“牛大娘”は、聞き手“和尚”の発話“不吃素”（精進料理を食べない）から「精進料理を食べない＝お肉は食べる」という情報を推論によって導き出す。しかし当該情報は「和尚さんは精進料理だけ食べて肉料理は食べない」という一般常識に反するため、話し手は情報の信憑性について聞き手に確かめている。

このように“啊”を用いた確認文は、まず話し手が知覚や先行発話を受けて行った推論によって、ある情報Ｘを獲得するが、当該情報Ｘは話し手の所有情報Ｙとずれや対立が生じ、Ｘが話し手の直接体験から取得したものではないため、Ｘの正誤について聞き手に確認する時に用いる。つまり話し手が“啊”を用いた確認文を発話する際、何からの外界の状況や先行発話が存在し、それと関係づけてある情報Ｘ（命題）を導き出し、提示するが、背景として話し手の所有情報Ｙ（認識）に反する必要性がある。そして認識に反する（命題によって表される）事態に遭遇したことを言語化する場合、話し手の「信じがたい」「不審」といった主観的感情（語気）の表出が強調されるのである。

3. 未定着から定着へ

２で考察したように、“啊”を用いて確認しようとする情報は、外界の状況や先行文脈の中で直接または間接的に提示されているが、それに反する情報が話し手の中に存在している。これに起因する話し手の「確認」は、確認対象となる情報がまだ話し手の中で定着されていないことを意味する。定着されていないということは話し手が自身の所有情報に強い確信を持っているためと思われる。“啊”に伴う「信じがたい」「不審」といった語気もその現れであると言ってよい。一方、話し手が提示された情報をそのまま自分の知識の中に定着させる場合は聞き手に確認する手順を省略することが可能となる。

(7) 阿眉蛮厉害地打断我，“我什么时候说过嫌你，不要你了？我连想都没想过。我就是觉得我有责任‘提醒’你。我有没有这个责任，这个权利，你说你说！”我被逼无奈，只得说“有。”“有你干吗不接受？还反过来骂我。”“小点声，别让我家人听见。”“你还要面子**呀**，我还以为你早浑得什么都不在乎了。”

（BCC《空中小姐》）

（阿眉は厳しい口調で私の話を遮った。「私はいつあなたが嫌いで要らないと言った？そんなこと考えもしなかったわ。私はあなたに忠告する責任があると思っただけ。私にその責任や権利があるかどうか言ってみなさいよ。」私は仕方なく「ある。」と答えた。「だったら、なぜ私の忠告を聞き入れないの？逆に責めるなんて。」「声が大きいよ。家族に聞こえるぞ。」「あなたもメンツが大事なのね。いい加減に日々を送って何も気にとめないのかと思っていたわ。」）

話し手“阿眉”は聞き手“我”に対し“早浑得什么都不在乎了”（いい加減に日々を送って何も気にとめない）と思い、「メンツなんて気にすることはないだろう」という認識を持っていたことが文脈から読み取れる。しかし聞き手の“小点声，别让我家人听见。”（声が大きい。家族に聞こえるぞ。）という発話から「聞き手は実はメンツを気にしている」と推論する。話し手はこの推論によって取得した情報を受け入れ、自身が持っていた思考内容（情報）を“以为”を用いて「誤り」と認めている。故に(7)の“啊”は対人的「確認」ではなく、対事的「再認識」である。話し手が自身の所有情報に対する確信度が低ければ低いほど、提示された新しい情報が話し手の中で定着しやすくなるのである。

(8) “你们不是见过一次吗？”石旵说。“那次是她**呀**。”刘华玲说，

“我都记不清了，还以为是另一个。”　　　　（BCC《浮出海面》）
（「2人は1回会っているじゃないか。」と石岜が言った。「あの時は彼女だったのね。」劉華玲が言った。「記憶が曖昧で。別の人だと思っていたわ。」）

話し手“刘华玲”が所有していた情報は「あの時、彼女ではなく別の人と会っていた」であるが、聞き手“石岜”が提示した情報は“你们不是见过一次吗＝你上次见的是她”（話し手と彼女はあの時会っていた）である。“那次是她呀”の後文脈“我都记不清了”（記憶が曖昧だ）から、話し手は自身の所有情報に確信が持てないため、素直に聞き手が提示した情報を受け入れ、自分の中で定着させている。

このように、話し手の所有情報と対立するような情報が提示された時、話し手の中で情報の処理が行われるが、“啊”について言えば、未定着と定着という2つの経路に分かれると思われる。未定着の場合、話し手は自身の所有情報に強い確信を持っているため、提示された情報をそのまま受け入れることができず、もう一度聞き手に確認していると考えられる。そして対立する2つの情報のぶつかりによって「疑念」が生じ、「信じがたい」「不審」といった語気が表出されるのである。一方定着の場合、話し手は提示された情報を素直に受け入れ、自身の所有情報を訂正するが、これは話し手が自身の所有情報に対する確信度が低いからである。未定着の場合を、話し手自身の所有情報に対する否定の浮遊状態だとすれば、定着の場合は、話し手自身の所有情報に対する完全否定と見なしてもよい。つまり未定着と定着は、統語的には諾否疑問文につく“啊”と平叙文[8]につく“啊”として現れ、「確認」の“啊”は情報の未定着がクローズアップされたものであり、「受け入れ」の“啊”は情報の定着がクローズアップされたものと考えられる[9]。

8　すべての平叙文につく場合ではなく、話し手の新情報獲得文として知識の再構築を表す平叙文につく場合に限る。従って“啊”は話し手の新情報の獲得といった機能を持っている。この点については李貞愛2001を参照されたい。

これまで議論した内容を以下のように図示する。

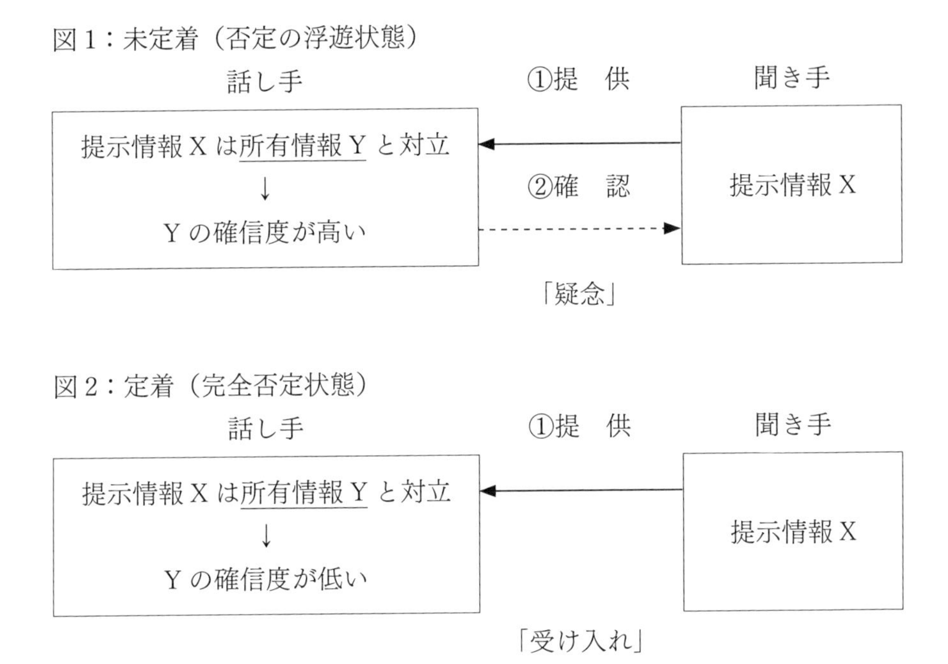

図1：未定着（否定の浮遊状態）

図2：定着（完全否定状態）

4. “啊”確認文と“吧”確認文

“吧”も諾否疑問文の文末に置いて「確認」の働きをする。そこで“吧”による確認と“啊”による確認がどう違うのかという問題が出てくる。

(9) 他将我上下打量了一番后问：“你是城里人**吧**？”“是的。”我点点头。　(BCC《活着》)
(彼は私をじろじろ見てから口を開いた。「都会人だよね。」「はい。」私は頷いた。)

9　音声的には、「確認」の“啊”は上昇音調を取り、「再認識」の“啊”は下降音調を取る。

(10)　“我现在就学电大文科，只是基础差，跟不上上课进度……你一定文化程度很高**吧**？你们那种单位都是大知识分子！”

（BCC《你怎么也想不到》）

（「私は放送大学文科系の学科で勉強しているが、基礎学力が弱いため、授業についていけない状態……あなたは学力が高いだろう？お勤務先がインテリの集まりだから。」）

(9)の“你是城里人”は前文脈“将我上下打量了一番”（私を上から下までじろじろ見た）に基づいて得た情報であり、(10)の“你一定文化程度很高”は後文脈“你们那种单位都是大知识分子”（お勤務先はインテリの集まりだ）を根拠に推論を経て導いた情報である。“吧”を用いる時、話し手は自らの推論によって得た情報が確かであるかどうかは聞き手のみが所持し、聞き手のみが確定できるものと判断する。つまり、話し手は自身の所有情報を呼び出さない。一方“啊”による確認は、話し手が知覚や推論によって得た情報が話し手の所有情報とずれや対立が生じるものである前提が不可欠であり、これは言わば話し手の所有情報が呼び出されたことを意味する。“吧”確認文を確定要求型とすれば、“啊”確認文は信憑性確認型と言えよう[10]。従って(11)(12)が示すように“吧”確認文は、話し手が聞き手に対し自分の認識に同調するよう誘導する時にも用いることができるが、“啊”確認文はこのような機能を持たない。

(11) a　我说的没错**吧**？（私が言ったこと、間違っていないだろう？）

　＊b　我说的没错**啊**？

(12) a　她做的菜味道还可以**吧**？

（彼女が作った料理はまあまあ美味しいだろう？）

　＊b　她做的菜味道还可以**啊**？

10　李貞愛 2001 では、吧”確認文は情報提供要求型とし、“啊”確認文を信憑性確認型としている。

(11) a と(12) a を発話する時、話し手が期待しているのは聞き手の同意または同調であるが、このような誘導は(13)(14)が示すように行き過ぎる場合がある。

(13)　你不会让我失望的，**对吧**？
　　(あなたは私を失望させない、そうだろう？)

(14)　他一会帮我的，**是吧**？
　　(彼は必ず助けてくれる、そうだよね？)

“对吧”“是吧”は、前文脈で表す話し手の認識に対し、「正しい」「その通りである」といった「肯定」や「同意」を強く求める意味があるため、必然的に押し付けがましさが出てくる。

5. まとめ

諾否疑問文の文末に置いて「確認」といった機能を持つ“啊”は、使用条件として以下を満たす必要がある。

1) 承前性：何らかの先行発話や外界の状況が存在し、話し手はそれを受け、推論を経てある情報 X を導き出す。

2) 対立性：X は話し手の所有情報 Y を呼び出し、X と Y は対立している。

3) 定着性：話し手は Y に強い確信を持っているため、X の信憑性について疑い、聞き手に確認する。話し手の中で X は未定着状態である。

即ち“啊”確認文は、話し手が自身の所有情報に対する否定の浮遊状態を言語化したものである。

参考文献

储诚志 1994.〈语气词语气意义的分析问题—以“啊”为例〉,《语言教学与研究》第 4 期，北京语言学院，pp39-51.

胡明扬 1981a.〈北京话的语气助词和叹词（上）〉,《中国语文》第 5 期，商务印书馆，pp347-350.
b.〈北京话的语气助词和叹词（下）〉,《中国语文》第 6 期，商务印书馆，pp416-423.
吕叔湘 1942.《中国文法要略》(汉语语法丛书 商务印书馆 1982)
——— 1980.《现代汉语八百词》商务印书馆
邵敬敏 1996.《现代汉语疑问句研究》华东师范大学出版社
王力 1985.《王力文集第二卷（中国现代语法)》山东教育出版社
赵元任著 1968. 丁邦新译 1980.《中国话的文法》香港中文大学出版社
朱德熙 1982.《语法讲义》商务印书馆
赤塚紀子・坪本篤郎 1998.『モダリティと発話行為』研究社出版
神尾昭雄・高見健一 1998.『談話と情報構造』研究社出版
木村英樹・森山卓郎 1992.「聞き手情報配慮と文末形式—日中両語を対照して—」,『日本語と中国語の対照研究論文集（下)』，くろしお出版，pp3-43.
金田一京助他編集 1994.『新明解国語辞典』第四版（小型版） 三省堂
ダイアン・ブレイクモア著 竹内道子・山崎英一訳 1994.『ひとは発話をどう理解するか』ひつじ書房
藤堂明保・相原茂 1985.『新訂中国語概論』大修館書店
李貞愛 2001.「確認の“啊”と“吧”」,『お茶の水女子大学中国文学会報』第 20 巻，お茶の水女子大学中国文学会，pp365-354.

「“什么”＋NP」の否定機能[1]

1. “什么”の文法的特徴

疑問詞“什么”は動詞の後に置いて目的語になることもあれば、名詞（または名詞性フレーズ）の前に置いて連体修飾語になることもある。

(1) 你想吃**什么**？（あなたは何が食べたいですか？）
(2) 她是你**什么**人？（彼女はあなたとどういう関係ですか？）

(1)の“什么”は目的語で、名詞に準ずる機能を持ち、動作・行為が及ぶ事物の「内容を尋ねる」といった意味を表す。(2)の“什么”は連体修飾語で、後の名詞が表す事物の「性質や種類を問う[2]」、または「人の身分や職務及び事物の性質を尋ねる[3]」といった意味を持つとされている。

“什么”についてはこれまで多くの研究が行われたが、議論は“什么”の非疑問用法に焦点が当てられていることが多かった。

2. “什么”の非疑問用法について

“什么”の非疑問用法とは、話し手（“什么”を用いて発話する人）が聞き手に対し情報提供を要求しないことを指す。この非疑問用法全般に着目

1　本章は、李貞愛 2006.「“什么”による否定」,『山梨英和大学紀要』第 5 巻, pp77-91. を元に修正加筆を加えたものである。
2　朱德熙 1982。
3　吕叔湘 1980。

して分析を行い、詳細な記述をしたのが邵敬敏・赵秀凤(1989)であり、ここで取り上げることにする。

2.1 “全指性”

(3) 这个人对**什么**事儿都很认真。　(邵敬敏・赵秀凤(1989)、(6))
(この人は何事に対しても真面目だ。)

“全指”とは具体的な事物を特定せず、そのカテゴリー全体を指すことである。朱德熙(1982)では“周遍性”(ある範囲のすべて)、守屋(1995)では「任意のすべて」と記述されている。“全指性”の“什么”はよく副詞“都”“也”と共起する。

2.2 “例指性”

(4) **什么**作业计划呀，操作规程呀，一律作废全用不着了。
(邵敬敏・赵秀凤(1989)、(20))
(作業計画だの、操作規程だの、すべて無効となりいらなくなった。)

“例指”とは、1つまたは1つ以上の項目を並べて指示することである。“什么”は項目の前か後に置かれ、列挙されていない同類の他の項目も存在していることを含意する。邵敬敏・赵秀凤(1989)では、“什么”が項目の前に置かれる場合、話し手の「不満」といった主観的態度を表出し、これを“什么”による「否定」として捉えている。

2.3 “承指性”

(5) **什么**好吃，他就吃**什么**。　(邵敬敏・赵秀凤(1989)、(29))
(彼はうまいものだけを食べる。)

“承指”とは、1つの文の前半部分と後半部分で同じ語彙が用いられ、後半部分の語彙が前半部分の語彙の意味をそのまま引き継ぎ、2つの語彙が同じ意味を指すことである。“什么”は前後で呼応しながら、同一の事物を表すことができる。

2.4 “借指性”

(6) 上海没有一个字的路，大概是通**什么**路或是**什么**通路吧。
(邵敬敏・赵秀凤(1989)、(32))
(上海には1文字の「路」の名前はないよ。大体「通○○路」または「○○通路」だよ。)

“借指”とは、一時的にある対象を代替するものとして“什么”が使われることを指す。(6)の場合、話し手にとって“路”の名前が未知または曖昧な情報で正確に言えず、それでもコミュニケーションを継続させるために、“什么”を借用して代替しているのである。“借指”は話し手が曖昧な情報を伝える時に用いることが可能であるため、一種の会話ストラテジーとして捉えてもよい。

2.5 “虚指性”

(7) 第一天大家都对他有戒心，深怕这个眼尖手快的人会出点**什么**纰漏。
(邵敬敏・赵秀凤(1989)、(42))
(1日目は皆彼に対して警戒心を持っていた。目も鋭いし手も早い彼が何かのミスを犯してしまうのではと皆が恐れていた。)

“虚指”とは、話し手がわからない、言えない、或いは明確に言う必要のない人または事物の代わりに“什么”を用いて表すことである。この用法について、吕叔湘(1985)では「不明確な事物を代替する」、朱德熙(1982)では「名前がわからない或いは言い出せないことを表す」と記述されている。

2.6 “否定性”

(8) **什么**老字号啊！越老越不值钱。（邵敬敏・赵秀凤(1989)、(48)）
（何が老舗よ。歴史が長ければ長いほど値打ちがないのだ。）

邵敬敏・赵秀凤(1989)で指摘された“什么”の“否定性”は否定的評価を指す。(8)で言うと“什么老字号”は“不是老字号”（老舗ではない）という意味ではなく、“老字号”（老舗）に対する話し手の否定的評価を表す。吕叔湘(1985)ではこの“否定性”について、“什么”は後につく成分を否定するのではなく、これらの成分に含まれている「よい、価値がある」などといったプラスの性質を否定するものであると指摘している。

2.7 “反诘性”

(9) 嗨，一家人还谢**什么**呀？　　（邵敬敏・赵秀凤(1989)、(57)）
（おい、家族なのに何感謝しているんだ。）

“反诘”とは「反語」の意味である。邵敬敏・赵秀凤(1989)では反語文に用いられる“什么”を“反诘”とし、“否定”とは異なる機能として捉えている。一方吕叔湘(1985)では、“否定”と“反诘”に分けず、共に“否定”として考えている。

2.8 “独用性”

(10) 周朴园：我听人说你现在做了一件很对不起自己的事。
周萍（惊）：**什——什么**？　　（邵敬敏・赵秀凤(1989)、(75)）
（周朴園：お前が自分を貶めるようなことをしでかしたと聞いたが。）

（周萍（驚いた表情で）：な——なんのことですか？）

“独用”とは、“什么”一語で文としての内容を表現する、つまり一語文になれることを指す。単独で用いられる“什么”は主に話し手の「驚き」「意外」「不満」などといった主観的感情を表す。

このように、邵敬敏・赵秀凤(1989)では“什么”の非疑問用法を8つに分類しているが、本章では6の“否定性”（否定的意味機能）を実現する一形式である「“什么”＋名詞（または名詞性フレーズ）」（これ以後「“什么”＋NP」と表記する）を取り上げ、その否定的意味機能についてもう少し掘り下げて考えてみる。

3.「“什么”＋NP」に関する2つの問い

「“什么”＋NP」は「疑問」と「否定」という二通りの意味解釈を許すが、解決が待たれる下記2つの問いがある。

3.1　問い1：「“什么”＋NP」は何に対する否定なのか

3.1.1　「名称の合理性に対する否定」という主張

姜炜・石毓智(2008)によると、「“什么”＋NP」は、“主要否定这些名词性成分所代表的事物中的褒义或肯定的成分，或者说否定这些名词性成分代表的事物所具有的某方面的良好性质或状态。[4]”、つまり“达不到某种标准”（ある基準に到達できない）、または“不符合某种资格”（ある資格に相応しくない）のため、“否定该事物用NP这个名称来称谓的合理性”（当該事物がNPと呼ばれる合理性を否定する）ということになる[5]。しかし

4　「NPが表す事物に含まれる積極的、肯定的意味成分を否定する、または、NPが表す事物が有する良い性質や状態を否定する」というこの指摘は、吕叔湘1985で述べた、名詞に含まれている「よい、価値がある」といったプラスの性質を否定すると共通している。

5　姜炜・石毓智2008。

この主張は(11)を解釈するには少し無理があるように思われる。

(11) 小艾的妈妈还在嘀咕着这件事。“小艾呀，你千万不能这样，知道吗？”“知道了。”小艾有点不耐烦了。“这孩子，**什么**态度。妈妈养了你 17 年啊，你可不能让白发人送黑发人啊。”

(BCC《现代聊斋》)

(小艾の母はまだこの事で気を揉んでいる。「小艾、絶対そうしちゃダメだよ！いい？」小艾はうんざりした顔で「わかったよ。」と答えた。「この子ったら、なんて態度だ。17 年間育ててやったのに、お母さんより早く死んじゃだめだよ。」)

まず“什么”の後の名詞“态度”に「積極的、肯定的意味が含まれる」または「良い性質や状態を有する」と断言できるかという問題が存在する。次に、“什么态度”は小艾の立ち振る舞いを“态度”と呼ぶ合理性を否定する、と解釈するのも少し強引さを感じる。

3.1.2 「メタ言語否定」という主張

袁毓林・刘彬(2016)によると、「“什么”＋NP」は、“相当于一个元语言否定，否定的是该事物称为 NP 的适宜条件。”(メタ言語否定に相当し、否定するのは当該事物が NP と称される適切条件である) で、“‘什么’句否定的往往是‘引述性’的内容，因而是一种元语言否定。”(“什么”を用いた文が否定するのは引用した先行発話内容であるため、メタ言語否定である) と主張している[6]。これに基づいて前掲(11)を解釈すると、“什么态度”は「小艾の立ち振る舞いを“态度”と称する適切条件を否定する」になるが、“态度”と称する適切条件とは何かという問題が存在し、やはり首を傾げてしまう。また「“什么”＋NP」が、引用した先行発話内容に対するメタ言語否定である点についても、(11)に加えて (12)も示すよ

6 吕叔湘 1980 では、“什么”を用いて先行発話を引用し、「反対」の意味を表すと指摘している。

うに検討の余地が残されている。

(12) 白展堂：(驱散人群) 别看了，别看了，哪儿来回哪儿呆着去，见热闹就上，**什么**素质？ (CCL《武林外传》剧本)
(白展堂：(人々を追い払いながら) 見ないで、見ないで、皆戻って。野次馬が好きだな。人としての素養がないね。)

(11)の"什么态度"は先行発話に"态度"が現れていない。そして(12)の"什么素质"は野次馬をしている人々の行為に対する否定であるが、"素质"を含む先行発話が見当たらない。

3.2 問い2：「"什么"＋NP」はなぜ否定的意味解釈が可能なのか

M：**什么**书、**什么**公司、**什么**人
N：**什么**世道、**什么**爱情、**什么**好人

Mグループの"什么"は、NPの性質や種類について尋ねるといった「疑問」の意味解釈が優先されるが、文脈によっては「否定」の意味解釈も可能である。一方、Nグループの"什么"は明らかに「疑問」の意味が希薄になり、「否定」の意味が顕在化される。つまり、Mグループは文脈依存性が高く、Nグループは比較的文脈依存性が低いと言える。そこで「"什么"＋NP」の否定解釈を可能とするのは何か、「疑問」と「否定」は何らかの関連性があるかどうか、について考える必要がある。

以上提示した2つの問いについて、次節から考察を試みる。

4. 考察1：「"什么"＋NP」は何に対する否定なのか

「"什么"＋NP」が「疑問」を表す場合、"什么"はNPによって表される事物の性質などについて記述することを聞き手に求めている。しかし、「"什么"＋NP」が「否定」を表す場合、まず前提として、対応する肯定

的な意味を想定させる言語的または非言語的文脈が存在するが、それは「NPによって表される事物が持つべき性質」であり、話し手の認識や判断基準によって決定されるため、主観性が強く反映されている。そして次に、話し手は前述の前提に反する眼前の状態に遭遇し、否定的評価を行うことである。以下の2例で具体的に説明する。

(13) 拍照的是谁？为什么不救狗狗呢？**什么**人啊，白活那么大岁数了！ (BCC 微博)
(写真を撮ったのは誰だ？　なぜ犬を助けないの？　なんて人だ、年甲斐もなく！)

(14) 海底捞**什么**服务嘛，吃到一半让我们换桌子!! (BCC 微博)
(海底撈はなんてひどいサービスだ、食事の途中で席替えを要求するなんて!!)

(13)の“什么人”は、「犬を助けるのは人として持つべき素養だ」が発話の前提となる。前文脈“为什么不救狗狗呢？”(なぜ犬を助けないの？)からわかるように、話し手は「犬を助けない人がいる」という眼前の事態に遭遇するが、これは話し手が認識している、人として持つべき素養(犬を助けるべきだ)に反する。そこで話し手は“什么人”を用いて、「犬を助けない人」に対する否定的な評価を表明している。

(14)の“什么服务”の発話前提は、「お店はお客様第一であるべきだ」という話し手の認識である。しかし話し手の眼前の事態は、(後文脈で提示した)“吃到一半让我们换桌子”(食事をしている最中、席替えを要求された)で、これは話し手の認識に反する。従って話し手は“什么服务”で、「食事中のお客様に席を変えさせた海底撈のサービス」に対し否定的な評価を行なっている。

ただ(15)(16)が示すように、「“什么”＋NP」は消極的、マイナス評価だけを表すとは限らない。

(15) 昨天帮老爸的新厂房做清洁。<u>1500平方啊!! 5个人3个小时搞</u>

定。。**什么**效率!! (BCC 微博)
(昨日、父の新しい工場の清掃を手伝ってあげた。1500 平方メートルだよ！ 5 人が 3 時間で片付けちゃった。なんて効率だ!!)

(16) 刚才溜达着居然有两个美女路人送了两张电影票给我们!! 这**什么**人品！ (BCC 微博)
(さっきぶらぶらしていたら、なんと見知らぬ美女 2 人が映画のチケットを 2 枚くれた!! なんて人柄だ！)

(15)の“什么效率”と(16)の“什么人品”はそれぞれ前文脈が表す意味から、「効率が高い」「2 人の美女は人柄が良い」といった積極的、プラス評価が読み取れる。具体的には(15)の場合、話し手の中には「1500 平方メートルある工場の清掃は相当時間がかかるだろう」という消極的推測が存在するが、これは「5 人が 3 時間を使って清掃した」といった積極的現実に覆される。“什么效率”は消極的推測に対する積極的現実からの否定であり、話し手の「意外や驚き」「感動」などといった主観的感情を表出する。そして(16)では、話し手は「見知らぬ人が何かをただでくれるわけがない」という消極的認識を持っているが、これは“有两个美女路人送了两张电影票给我们”（見知らぬ美女 2 人が映画のチケットを 2 枚くれた）という積極的現実に覆される。“什么人品”は、積極的現実が消極的認識を否定し、映画のチケットを 2 枚くれた行為から見られる美女 2 人の人柄に対する話し手の「称賛」といった主観的評価を表す。

ここまでの考察をまとめると以下のようになる。

1)「“什么”＋NP」が「否定」を表すためには前提が必要である。
①話し手は NP によって表される事物が持つべき性質について、ある認識や判断が形成されている（話し手の中にある NP が持つべき性質を X とする）。
②「“什么”＋NP」を発話する時、X に反する眼前の状態または現実の状況（Y とする）が存在する。

2)「“什么”＋NP」が否定するのは、

①話し手が「Xが正しい、合理的である」と判断した場合、「“什么”＋NP」は「XでYを否定する」を意味し、Yに対する話し手の否定的、マイナス評価を表明する。従って、「不満」「責め」などの主観的態度の表出が伴う。

②話し手が「Yが積極的で、Xが消極的である」と判断した場合、「“什么”＋NP」は「XがYに否定された」を意味し、Yに対する話し手の肯定的、プラス評価を表明する。従って、「意外や驚き」「称賛」などの主観的態度の表出が伴う。

5. 考察2：「“什么”＋NP」はなぜ否定的意味解釈が可能なのか

袁毓林・刘彬(2016)では、“什么”の「否定」の意味は、「疑問」の意味に由来すると捉えているが、この点について筆者も同じ考えである。具体的に言うと、「“什么”＋NP」が「疑問」を表す場合、話し手は「NPの性質や種類に対し疑いがあって問う」のであって、聞き手は「話し手の疑いを解消するための情報を提供する」といった義務がある。一方「“什么”＋NP」が「否定」を表す場合、「話し手の中にあるNPが持つべき性質」と「眼前の状態、または現実の状況」が一致しないため、話し手は現実（のNP）に対し「理解できない、信じられない」気持ちが芽生え、その度合いが強ければ強いほど否定へ傾斜していくのである[7]。

図1：「“什么”＋NP」の「否定」の意味の生成

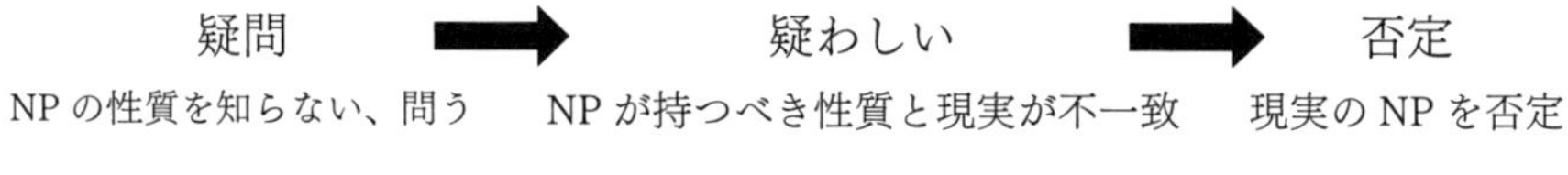

疑問	➡	疑わしい	➡	否定
NPの性質を知らない、問う		NPが持つべき性質と現実が不一致		現実のNPを否定

7　王少鋒・金昌吉2018、p85では「懐疑の「疑」は、一種の心理活動で、或いは一種の主観的態度である。それに対応した極性は「疑—信」である。その極性は直接的に人間の主観的態度と関連して、「信」は肯定に傾き、「疑」は否定に傾く」と指摘している。

そして3.2で言及したNグループ（什么世道、什么爱情、什么好人）については、“世道”（世の中）と“爱情”（男女間の愛）は「性質や種類」を限定することの難しさ、“好人”（いい人）は既に「性質」が規定済みであることから、“什么”の「疑問」の意味が希薄になり、「否定」の意味が顕在化されると考えられる。

6.「“什么”＋NP」と主観性

「“什么”＋NP」が「疑問」を表す場合、聞き手が提供する情報は客観性を有するものである。

(17)　A：这是**什么**书？（これは何の本ですか。）
　　　B：这是**汉语**书。（これは中国語の本です。）
(18)　A：他是你**什么**人？（彼はあなたとどういう関係ですか。）
　　　B：他是我的**大学同学**。
　　　　（彼は私の大学時代のクラスメートです。）

(17)と(18)で、話し手Aが“什么”を用いて求めているのは、話し手の認識や評価を前提としない、NPの性質や種類（または属性）を表す客観的情報の提供である。
しかし「“什么”＋NP」が「否定」を表す場合、話し手の中にあるNPが持つべき性質は、話し手の認識や判断基準によって規定されたものであるため、他人と共有しない話し手の主観的世界の側に属する。

(19)　哎，**什么**社会啊，连上厕所都要小心！！！　（BCC微博）
　　　（おい、なんて世の中だ。トイレに行くのも気をつけないといけないなんて！！！）
(20)　明明传真电邮就能办好的事儿，非得让别人跑一趟～**什么**逻辑啊?!　（BCC微博）
　　　（ファックスかメールで片付けられる事なのに、どうしても人を行かせないといけないなんて。考え方がおかしい！）

(19)を発話する際、話し手の中に「人々が安心してトイレに行けることが安全な世の中が持つべき性質である」が存在するが、「“社会”（世の中）がどういう性質を持つべきか」は人それぞれである。そして(20)において、話し手は「ファックスかメールで片付けられる事は人を行かせないのがまともな考え方である」と認識しているが、これは話し手の考え方であり、すべての人と共有できるとは限らない。

このように「“什么”＋NP」が「否定」を表す場合、話し手が規定しているNPが持つべき性質は、可視性や客観性の担保が難しく、話し手の主観性が強く反映されている。

7.「“什么”＋“鬼／破”＋NP」

「否定」を表す「“什么”＋NP」は、(21)～(24)が示すように、NPの前に“鬼”または“破”が修飾語としてつく例が多数観察される。

(21) **什么**鬼医院…只知道重复检查重复收费，检查了一天一夜还是不知道啥原因啥毛病！ (BCC 微博)
（なんてひどい病院だ…検査と料金支払いを何回もさせられ、丸一日検査しても何も出てこなかった。）

(22) **什么**鬼学校啊，试卷也能印错了？我无语极了… (BCC 微博)
（なんてひどい学校だ。問題用紙を間違えて印刷するなんて。言葉が出ないよ…）

(23) **什么**破电影，画面都是模糊的，实在看不下去。 (BCC 微博)
（なんてひどい映画だ。画面がぼんやりしていて、見ていられない。）

(24) 原来我真的冻感冒了…不就是昨天晚上没盖好被子被冻醒了，然后今天早上穿着短袖吗…**什么**破体质啊。 (BCC 微博)
（私は本当に寒さにあたって風邪を引いてしまった…夕べちゃ

んと布団をかけずに寝ていて寒さに目が覚め、今朝半袖Ｔシャツを着ていただけなのに…なんて弱い体質なんだ。)

(21)(22)の"鬼"は、述語になれない形容詞で、「悪い、ひどい」という意味を表す。そして(23)(24)の"破"も形容詞で、「くだらない、よくない」といった意味を表す。"鬼"と"破"は共に「けなす」意味が内蔵されているため、マイナス評価を表明する「"什么" ＋ NP」と共起しやすい。

8. 「"什么" ＋ NP」と「何が NP だ」

「否定」を表す「"什么" ＋ NP」は日本語の「何が NP だ」に対応する時がある。

(25) 単純でつまらない仕事だけれど間違いがあると困るという旨、"ブランドの君"に申し上げると彼女は、「ああ、そうですか。あたし、あなたみたいに能力ないから—」というのだ。「**何が能力だ**、ばかもん！これから気をつけますくらいいえんのか、いい年こいて！」
(群ようこ『午前零時の玄米パン』、案野 2017 による)

「何が能力だ」は"什么能力"と同じ意味で対応する。日本語の「何が NP だ」は NP が先行文脈の名詞（句）を引用する場合が見られ[8]、この点は中国語の「"什么" ＋ NP」にも共通して見られる。さらに案野(2019)では、「「何がＹだ」構文は、相手の反応を期待しない話し手の一方的な断言であり、断言するのは、Ｙで語句を引用する動機となったマイナスの感情である[9]」と指摘している。

8　案野 2017、p107。
9　案野 2019、p36。

しかし一方で、「“什么”＋NP」と「何がNPだ」は対応しない場合も見られる。前掲の(13)(14)を再度取り上げる。

(13) 拍照的是谁？为什么不救狗狗呢？**什么**人啊，白活那么大岁数了！ (BCC 微博)
(写真を撮ったのは誰だ？　なぜ犬を助けないの？　**なんて**人だ、年甲斐もなく！)

(14) 海底捞**什么**服务嘛，吃到一半让我们换桌子!! (BCC 微博)
(海底撈は**なんて**ひどいサービスだ、食事の途中で席替えを要求するなんて!!)

(13)の“什么人”は「何が人だ」ではなく「なんて人だ」、(14)の“什么服务”は「何がサービスだ」ではなく「なんてサービスだ」で対応する。つまり、NPが先行発話の引用ではない場合、「“什么”＋NP」と「何がNPだ」は対応しない。

9.「なんて＋NPだ」と「“什么”＋NP」

「なんて＋NPだ」は、形式全体で話し手の否定的評価を表し、NPが先行発話の引用ではない場合に用いることが可能である点において「“什么”＋NP」と類似する。

(26) 税金も物価も上がってるのに、給料上がらない。**なんて**世の中だ。

(27) 社員に休日出勤させるなんて…全く**なんて**会社だ!!

(28) 自分が自由に生きたいが為に子供を捨てるとは…**なんて**人だ… ((26)～(28)はYahooツイッターより)

「なんて世の中だ」「なんて会社だ」「なんて人だ」はそれぞれ“什么世道”“什么公司”“什么人”で対応する。

4の考察1で、「現実の状況が積極的で、話し手の中にあるNPが持つべき性質が消極的である」と話し手が判断した場合、「“什么”＋NP」は現実の状況に対する話し手の肯定的、プラス評価を表明し、「意外や驚き」「称賛」などの主観的態度の表出が伴うと述べたが、「なんて＋NPだ」も(29)が示すように、上記のような意味機能を持つ。

(29) 顔が良くて優しくて思いやりがあってグループ愛重くて。なんて人だ。 (Yahooツイッターより)

(29)の「なんて人だ」は「素晴らしい人だ」という意味であり、“什么人”で対応する。

10. 「“什么”＋NP」の否定機能

ここまで「“什么”＋NP」に関する2つの問いを踏まえながら、改めて「“什么”＋NP」の否定機能について考察を行ってきた。その結果、「“什么”＋NP」の否定機能は次のようにまとめることができよう。

1) NPが引用成分である場合
 ①先行文脈にNPが出現している。
 ②話し手は、NPの使用の妥当性について否定する。
 ③対応する日本語の表現形式は「何がNPだ」である。
2) NPが引用成分ではない場合
 ①先行文脈にNPが出現していない。
 ②話し手の中にNPが持つべき性質（X）が存在し、それは話し手の認識や判断基準によって決定されたものである。
 ③眼前の状態または現実の状況（Y）は②のXに反する。
 ④話し手が「Xが正しい、合理的である」と判断した場合、Yに対する話し手の否定的、マイナス評価を表明し、「不満」「責め」などといった主観的態度の表出が伴う。しかし、話し手が「Yが積極的で、Xが消極的である」と判断した場合、XはYに否定され、Yに

対する話し手の肯定的、プラス評価を表明し、「意外や驚き」「称賛」などの主観的態度の表出が伴う。

⑤対応する日本語の表現形式は「なんて＋ NP だ」である。

参考文献

何爰晶 2019.〈反叙的非真值义否定和真值义肯定〉,《外语研究》第 4 期，pp24-29.

姜炜、石毓智 2008.〈“什么”的否定功用〉,《语言科学》第 3 期，pp270-277.

吕叔湘 1942.《中国文法要略》(汉语语法丛书 商务印书馆 1982)

——— 1980.《现代汉语八百词》商务印书馆

——— 1985.〈肯定・否定・疑问〉,《中国语文》第 4 期，pp241-250.

邵敬敏・赵秀凤 1989.〈“什么”非疑问用法研究〉,《语言教学与研究》第 1 期，pp26-40.

沈家煊 1993.〈“语用否定”考察〉,《中国语文》第 5 期，pp321-331.

——— 1999.《不对称和标记论》江苏教育出版社

于根元 1984.〈反问句的性质和作用〉,《中国语文》第 6 期，pp419-425.

袁毓林、刘彬 2016.〈“什么”句否定意义的形成与识解机制〉,《世界汉语教学》第 3 期，pp303-317.

朱德熙 1982.《语法讲义》，商务印书馆

案野香子 2017.『現代日本語の反語表現についての研究』(博士論文) 大阪府立大学

案野香子 2019.「引用の「どこがＸのだ」と「何がＹだ」の反語性」,『静岡大学国際連携推進機構紀要』第 1 巻，pp29-39.

王少鋒・金昌吉 2018.「中国語の疑問文における疑問と否定の相通性及び肯定と否定の対立」,『大阪電気通信大学人間科学研究』第 20 号，pp81-91.

大西智之 1991.「“好什么”と“有什么好”」,『中国語学』No238，pp1-10.

木村英樹 2012.「疑問詞の意味機能—属性記述と個体指定」,『中国語文法の意味とかたち一「虚」的意味の形態化と構造化に関する研究』白帝社，pp115-132.

守屋宏則 1995.『やさしくくわしい中国語文法の基礎』東方書店

李貞愛 2006.「“什么”による否定」,『山梨英和大学紀要』第 5 巻，pp77-91.

中国語の副詞“少”の意味・機能再考[1]
―「少量肯定」と「全量否定」について―

1. はじめに

現代中国語において“少”は形容詞と動詞を兼ねる、または形容詞と動詞と副詞を兼ねる[i]、というように2つ以上の品詞にまたがる語である。形容詞兼動詞説においても、“少”の副詞的用法について取り上げられており、“少”が副詞のような文法的振る舞いをすることは明らかである。したがって、本稿は“少”を副詞として見なし、それを前提として議論を進めていく。

これまでに副詞として用いられる“少”の意味と機能については先行研究として李貞愛(2004)、陈爽(2005)、李倩(2013)、姚占龙(2014)、张谊生(2017)などがあげられるが、いずれも“祈使句”(命令や請求、提案などを表す文を指すが、本稿では以下も中国語の“祈使句”をそのまま使用する)におけるその意味と機能に注目した考察である。その中で李貞愛(2004)では、“祈使句”における“少”の意味と機能を初めて「部分否定」と「完全否定」として結論づけている。「部分否定」とは、例えば以下のような場合を指している。

1) 你**少**放点儿盐吧。
(塩を少なめに入れてください。)

上記文中の“少”は「少し、ちょっと」の意味である。話し手は聞き手

1　本章は、2020年3月に発行された『慶應義塾外国語教育研究』第16号、pp1-21に掲載されたものである。

の「塩を入れる」行為については成立してもよいと認識していると想定されるが、量的制限を加えている。これを“少”の「部分否定」としている。

そして、「完全否定」とは、以下の場合を指している。

2）你**少**胡说。
（でたらめを言うな。）

この文における“少”はもはや「少し、ちょっと」ではなく、「～するな」の意味である。つまり話し手は聞き手の「でたらめを言う」行為の性質自体について否定している。これを“少”の「完全否定」としている。

このように李貞愛(2004)では“祈使句”における“少”は「部分否定」と「完全否定」という二つの意味・機能を有する点について指摘している。しかし、二通りの意味をどのように解釈するべきだろうか、また「部分否定」と「完全否定」の意味的関連性は何か、“祈使句”以外の文における“少”の意味と機能はどうか、などについては触れていない。そして“别”と“少”の違いについての議論も不十分であった。例えば、以下の文についての説明において、

3）a　汤里**少**放点儿盐。
（スープに塩を入れすぎないように。）
＊b　汤里**别**放点儿盐。(＊は文法的に不適格であることを意味する。)

李貞愛(2004)では、“少”を“别”に置き換えられない理由は、“别”は行為自体に対して否定しているため、量的制限が加えられないと指摘しているが、“少”と量的制限の関係についてはさらに追及する必要があった。

さらに、李貞愛(2004)は紙幅の関係上、周辺言語との比較においても十分な議論が展開できなかった。

このようなことから、ここで副詞としての“少”の意味と機能について再考し、“祈使句”に限らず、平叙文や疑問文なども含めて考察する必要

性が出てきた。また、“少”のように、二通りの意味・機能を兼ねて持つ言語現象が他言語にも見られるかどうか、十分な考察をしたうえで明らかにすることは中国語教育に貢献できる。

2. 副詞“少”と肯定、否定及び量の関係

副詞“少”の意味と機能を考えるにあたって、形容詞“少”(「少ない」)が持つ量的概念を無視することはできない。したがって、この章では副詞“少”と肯定や否定、量の関係を整理してみる。

2.1 肯定、否定と量の関係

肯定と否定は対立した概念であり、意味論に属する。そして、言語による表現形式は以下の3パターンがあると考えられる。

(1) 完全肯定
　4) 他们都是我的朋友。
　　(彼らは全員私の友人だ。)
(2) 部分肯定(＝部分否定)
　5) a 他们中间有几个人我认识。
　　(彼らのうちの何人かは、私は知っている。)
　　b 他们中间大多数人我认识。
　　(彼らのうちの大多数は、私は知っている。)
(3) 完全否定
　6) 没有人反对你，你放心吧。
　　(きみを反対する人はいない。安心して。)

(1)の完全肯定は、「全量肯定」とも言える。(2)の部分肯定は、言い換えれば部分否定でもあり、量の多少によって、5)のaを「少量肯定」(＝「多量否定」)と、5)のbを「多量肯定」(＝「少量否定」)と見なすことができる。そして(3)の完全否定は、「全量否定」とも捉えられる。

2.2　副詞“少”と肯定、否定及び量の関係

では 2.1 に基づいて、以下 7）と 8）における“少”を見てみよう。

7）　我们要**少**说话，多做事。
　　（私たちは言葉を少なくし、仕事をたくさんすべきだ。）

8）　你**少**说废话。
　　（下らない話をするな。）

7）の“少说话”（「言葉を少なくする」）は「少量肯定」として捉えることが可能であり、8）の“少说废话”は「下らない話をする」という行為自体に対する否定を表すので、「全量否定」と見なすことが可能である。

つまり、副詞“少”は「少量肯定」と「全量否定」の意味と機能を兼ねて持つと言えよう。

3. 副詞“少”の「少量肯定」と「全量否定」の解釈システム

では、副詞“少”の「少量肯定」と「全量否定」という二通りの意味をどのように解釈するのか。そこに法則性はあるのか。また、“祈使句”以外の文種ではどうか。これらの問題を解決すべく、本研究では“北京语言大学汉语语料库（BCC）”（「北京語言大学中国語コーパス（BCC）」）を利用し、「“少”＋ VP」で用例を調べた。その結果、主語の人称が副詞“少”の意味の確定に大きく関わっていることがわかった。次節から具体的に見よう。

3.1　副詞“少”が「少量肯定」と解釈される時

副詞“少”は主語が第一人称と第三人称の時、「少量肯定」と解釈される。まず主語が第一人称の場合を見てみる。

3.1.1 主語が第一人称の時

9) 许三观说：“你们还要摇船，你们要给自已留着点力气。”来顺说：“我卖了血以后，力气一点都没少。”“这样吧。”来喜说：“我们**少**卖掉一些力气，我们每人卖给你一碗血。你买了我们两碗血，到了长宁你就能卖出去四碗了。” （余华 / 许三观卖血记）

10) 李爱杰忧心忡忡地早早起来，洗了那个枕套。待秦山起来，她便一边给他盛粥一边说：“咳嗽得这么厉害，咱今天进城看看去。”“**少**抽两天烟就好了。”秦山面如土灰地说。 （迟子建 / 亲亲土豆）

11) 李洪文一见就说：这就叫人不请天请。今日杂志社庆贺胜利，说是不请了你这个编外的当事人，可你飘然而至，只好我们**少**吃点了！ （贾平凹 / 废都）

12) 我说，不是我怕什么，我敢拿着喇叭筒子站在楼顶上说我爱你，但那样，后果就不堪设想了——我明白——近期我们**少**见面，别让她抓住把柄。 （莫言 / 生死疲劳）

9）の“我们少卖掉一些力气”は「俺たち体力を売りすぎないように(俺たちは血を売りすぎないように)」という意味である。10）の“少抽两天烟就好了”は「たばこを2、3日控えればよくなる（たばこを2、3日少なく吸えばよくなる)」意味で、これは話し手“秦山”の台詞であり、主語“我”が省略された形である。11）の“只好我们少吃点了”は「私たちは少し食べるしかない！」という意味で、12）の“近期我们少见面”は「私たち当分の間会うのを控えよう（私たち当分の間会う回数を少なくしよう)」の意味である。

上記用例中の“少”はいずれも「少量肯定」の意味として解釈され、文の主語はすべて第一人称である。

3.1.2 主語が第三人称の時

次は主語が第三人称の場合を見てみよう。

13） 吴碧波道："我在杏园那里来。我看他搬家以后，越发的和我们**少**来往了。听说他搬家，是有所为的，所以其心专在一方面呢。你知道吗？"（张恨水 / 春明外史）

14） 她说："我受不了他天天回去陪老婆。"我说："就为这个？那我跟张国庆说说，让他**少**回家不就行了，何必结婚呢？"她说："不，我要结婚。"说得很平静，又坚决，显然是经过深思的。（麦家 / 暗算）

15） 这时候，亚玲走上前来，对我说："快回去吧，李老师也在后面来了。咱们快点往回走，好让他**少**跑点路。李老师是个深度近视，别让他跌一跤，把眼镜给碰掉了！"（路遥 / 在困难的日子里）

16） 然后大胖子进屋来，高声唱道：有螃蟹——要两桶柴油换。我也批准了，但是要他**少**带几个人去——搞得那么沸沸扬扬不好。他答应了，但是他们把那辆柴油车开走时，车上至少有十个人。（王小波 / 黑铁时代）

17） 周仆简直比一个妻子的关怀还要周到，常常劝他**少**吃一点辣椒。可是邓军什么都可以吃得下，就是没有辣椒不行。（魏巍 / 东方）

18） 接着她又对周氏说："大妹，你可以劝劝他**少**累一点。""我也劝过他几次。不过他总说他忙一点心里倒舒服。（巴金 / 春）

13）の"我看他搬家以后，越发的和我们少来往了"は「彼は引っ越してから、ますます私たちとあまり行き来しなくなった（私たちと行き来するのが少なくなった）」の意味で、"少来往"の主語は第三人称の"他"である。14）の"让他少回家不就行了"は「彼に家に頻繁に帰るなと言えばいいのさ（彼に家に帰る回数を少なくするように言えばいいのさ）。」の意味で、"少回家"の主語はこちらも第三人称の"他"である。15）の"咱们快点往回走，好让他少跑点路"は「私たち急いで戻りましょう、彼が無駄足をあまり運ばないように（彼が無駄足を運ぶ距離を短くするように）。」の意味で、16）の"但是要他少带几个人去"は「しかし彼にあまりたくさん人を連れて行かないよう言わなくてはならない」の意味である。そして17）の"常常劝他少吃一点辣椒。"は「唐辛子を食べ過ぎないようにとしょっちゅう彼に言っている。」の意味で、18）の“你可以劝劝他少累一点。”は「彼に働きすぎないように説得してもよいのでは。」の意味である。15）の“跑点路”、16）の“带几个人”、17）の“吃一点辣椒”、18）の“累一点”の主語はみな第三人称の“他”である。上記13）から18）における副詞“少”はいずれも「少量肯定」の意味として解釈され、兼語文に現れている。

3.2 副詞“少”が「少量肯定」と「全量否定」の二通りに解釈される時

しかし、主語が第二人称の場合、“少”は「少量肯定」と「全量否定」の二通りに解釈される現象が生じる。

3.2.1 「少量肯定」と解釈される時

まずは“少”が「少量肯定」と解釈される場合を見てみる。

19） 家树道："你们的事我都预备好了。我这次回南迟则三个月，快则一个月，或两个月，我一定回来的。我现在给你们预备三个月家用，希望你们还是照我在北京一样的过日子。万一到了三个月……但是不能不能，无论如何，两个月内，我总得赶着回来。"说着，就在身上一掏，掏出两卷钞票来，先理好了三百元，交给沈大娘，然后手理着钞票，向凤喜道："我不在这里的时候，你**少**买点东西吧。我现在给你留下一百块钱零用，你看够是不够？"

（张恨水 / 啼笑因缘）

20） 把篮子顿到地板上的八弟，蹲下去把胖大的都拣给我，自己选那小而熟的。"八弟你**少**吃点。为哥哥留一半，不然爹爹又会说你淘气。""是，我知道呢，"他也怕爹爹知道是他出的主意，吃了些就玩去了。（沈从文 / 一个妇人的日记）

21） 他正看着汽水瓶上的北冰洋。也许那儿不错，有一间房子的话。"你**少**喝点儿吧。""没关系，啤酒，加了汽水的。"姑娘想，等将来自己当了母亲的时候，成了老太太，一定要理解自己的女儿，或者儿子。"假如是你自己不愿意，那……那就算了。"小伙子

说，晃晃手里的杯子，“咕咚咚”喝光。（史铁生 / 夏）

22）“李先生，你猜他们什么意思？他们以为那地方遍地都是坟堆，你看了是很伤心的。你**少**去一趟，就**少**流一回眼泪了。”

（张恨水 / 春明外史）

23）费喜利见泰山缩着头没精打采，就说：“你要信我的，就别看什么病去。你**少**抽两袋烟，多活动活动就好了。”

（迟子建 / 亲亲土豆）

24）“萝，你太聪明了，我实在为你难过。你**少**说一点，多想一点，你的见解就不同了。”（沈从文 / 一个女剧员的生活）

25）五富的衣服脏得看不出个颜色，我训斥他：你**少**睡一会儿也该把衣服洗一把水么，穿着不难受？他说：不难受。（贾平凹 / 高兴）

19）の“我不在这里的时候，你少买点东西吧。”は「私が留守の間、きみは買い物をしすぎないように。」、20）の“八弟你少吃点。为哥哥留一半，不然爹爹又会说你淘气。”は「お前食べ過ぎないように。お兄ちゃんに半分残してあげて、でないとまた親父にいたずらしてるなと怒られるぞ。」、21）の“你少喝点儿吧。”は「あなた飲み過ぎないように。」の意味で、いずれも「第二人称主語“你”＋“少”＋述語動詞＋数量詞（“一点儿”）＋（目的語）」という構造をなしている。文中の“少”はこれから実施予定の聞き手の行為に対し、「少量」を求め、「量的制限」を加えている。

そして、22）の“你少去一趟，就少流一回眼泪了。”は「あなたが行く回数を減らせば、悲しむ回数も減る（あなたが一回少なく行けば、一回少なく涙を流す）。」、23）の“你少抽两袋烟，多活动活动就好了。”は「たばこを少し控え、たくさん運動すればよくなる。」、24）の“你少说一点，多想一点，你的见解就不同了。”は「ぺらぺら喋らず（多く語らず）に、もっと考えなさい、そうするとあなたの見方は変わる。」、25）の“你少睡一会儿也该把衣服洗一把水么，穿着不难受？”は「寝る時間を削って（寝る時間を短くして）でも洗濯はしておくべきだった。このまま着て気持ち悪くないか？」の意味である。22）から25）の用例はすべて「第二人称主語“你”＋“少”＋述語動詞＋数量詞（“一趟／一回／两袋／一点／一会儿”）＋（目的語)」の構造をなしている。加えて、22）から25）を見ると、22）の“你少去一趟，就少流一回眼泪了。”と23）の“你少抽两袋烟，多活动活动就好了。”、そして24）の“你少说一点，多想一点，你的见解就不同了。”は仮定関係を表す複文で、25）の“你少睡一会儿也该把衣服洗一把水么。”は譲歩関係を表す複文になっている。つまり、いずれも未実現のことを表す文である。これらの文における“少”は仮に実施する聞き手の行為に対し、「少量」を求め、「量的制限」を加えているのである。

ここで、第二人称主語の文に現れる副詞“少”が「少量肯定」として解釈される時の文法的特徴を以下のようにまとめておく。

特徴その1
形式上の特徴：第二人称主語＋“少”＋述語動詞＋数量詞＋（目的語)

特徴その2
意味上の特徴：これから実施予定、または仮定される聞き手の行為に対し、「少量」を求め、「量的制限」を加える。

3.2.2 「全量否定」に解釈される時

続けて主語が第二人称で、副詞“少”が「全量否定」として解釈される場合を考察する。ここでまず形式上の特徴から2つのグループに分けて議論を進めることにする。

第1グループ：第二人称主語“你”＋“少”＋述語動詞＋（目的語)

26）梅冠三觉得空气有点沉闷。他也不知道为什么，吃了一半饺子时，他自己走到锅前说：“添点汤，太干了。”当他拿住勺子时，春义却把勺子一夺说：“你**少**动手。” （李凖／黄河东流去）

27）老伴又把个夹袄递给爱爱说：“你带上，夜里冷。”老清却说：“爱爱不用去了。”老伴说：“怎么又变卦了？”老清说：“你**少**说话。

我自己能行，爱爱，你回家！”（李凖 / 黄河东流去）

28） 家福朝对过宝柱家一努嘴，“宝柱连家都不回，就放心大胆地让别人给收拾。”万老头看看进进出出帮宝柱搬家的人，压低声音冷笑道：“你**少**提那个混蛋，那是个畜生，老太太住院，他都不去守着，还算个人？你瞧瞧他家趁个嘛？装不满一平车，一件像样的东西也没有，当然不怕偷。”（孙力、余小惠 / 都市风流）

29） 陈佐千让宋妈堵住门，不让人进来看热闹。毓如说，出了丑就出个够，还怕让人看？看她以后怎么见人？陈佐千说，你**少**插嘴，我看你也该灌点醒酒药。（苏童 / 妻妾成群）

30） 沙枣花说：“马粮哥，我等了你三十年。”司马粮道：“枣花，你**少**来这一套，等我三十年，多大的罪，加在了我头上。”

（莫言 / 丰乳肥臀）

26）の“你少动手”は「勝手に触らないで」の意味で、“当他拿住勺子时，春义却把勺子一夺”、つまり「彼がおたまを持ってスープを入れようとするときに、春義がおたまを奪い取った」時の発話である。春義は彼が実施しようとする行動“动手”に対して、“少”を用いて阻止していることがわかる。

27）の“你少说话。”は「うるさいな。」の意味で、もともと「老清」と一緒に行くはずだった「愛愛」が「行かなくてよい」と話した「老清」に対し、「どうしてまた気が変わったの？」と問いつめる奥さん「老伴」への発話であるが、すでに実施済みの「老伴」の“说话”という行為に対して、「これ以上言うな」という阻止の意味を表している。

28）の“你少提那个混蛋，”は「あのろくでなしの話はもうするな。」の意味である。“那个混蛋”は“宝柱”を指すが、その“宝柱”の話をしている“家福”に対して、話し手の“万老头”が「これ以上続けるな」と阻止している。

29）の“你少插嘴，”は「お前は口を挟むな。」の意味である。“毓如”の“出了丑就出个够，还怕让人看？看她以后怎么见人？”という発話に対して、話し手の“陈佐千”が「これ以上口を挟むな」と“毓如”の行為の継続を阻止している。

30）の“枣花，你少来这一套，”は「棗花、そういうふうに言うのはもうやめて。」の意味である。これは話し手の“司马粮”が聞き手である“沙枣花”の“马粮哥，我等了你三十年。”という発話を聞いた後、「そういうふうに言うのはもうやめて」と阻止していることがわかる。

26）から30）の用例でわかるように、第1グループの形式は、これから実施予定の行為(26)の用例)、すでに実施済みまたは実施中の行為(27)～30）の用例）に対し使用できる。さらに、26）から30）において、話し手は聞き手の行為に対して消極的、不満といった否定的評価をしていることも明らかである。そして否定的評価をしているがゆえに、副詞“少”を用いて、「少なければ少ないほど良い」、つまり「少量肯定」を強調し(=「多量否定」が強調されることになる)、その結果聞き手の当該行為の実施または継続を阻止する[ii]といった「全量否定」の語用論的効果が生まれたと考えられる。

次に第2グループを見よう。

第2グループ：第二人称主語“你”＋“少”＋述語動詞＋数量詞＋(目的語)

31） 燕西学着那戏院子里小生的样子，将右手一个食指，横着在鼻子下一拖，接上提起大腿，在大腿上一拍，于是将食指向地下画着圈圈，身子一扭道：“我是醉翁之意不在酒哟……”白莲花轻轻在他胳膊上捏了一把，低声道：“你**少**说两句，好不好？他们听见，有什么意思？” （张恨水 / 金粉世家）

32） 她讨厌她的工作，她的家，也包括她的父亲，窝窝囊囊，只要继母嗓门一高，就没主意。你**少**讲两句好不好？他即使抗议也不敢声张。 （高行健 / 灵山）

33） 清秋将稀饭搅凉了，夹着凉菜喝了一口，觉得很适口，先吃完了一碗。那一碗稀饭凉了许久，自不十分热，清秋端起来，不多会，又吃完了。伸着碗，便让老妈子再盛。李妈道：“七少奶奶，我瞧你可真是不舒服，你**少**吃一点吧？凉菜你就吃得不少，再要闹上两三碗凉稀饭，你那个身体，可搁不住。”（张恨水 / 金粉世家）

34） 克安气恼地瞪着觉英的背影，等到觉英走进了隔壁的房间，他才咬牙切齿地骂起来。王氏对他亲切地笑了笑，说：“四老爷，你**少**说两句好不好？人家的儿子你多管他做什么？有话你跟三嫂讲好了，也犯不着为这种东西生气。现在大家押也画了，合同也收起来了。还有没有别的事情？有话早点说清楚，大家也好散了。”

（巴金 / 秋）

35） 春兰马上反驳道。她愤恨地望着觉群。“我没有！我没有！你冤枉我，不得好死！”觉群挣红脸抵赖道。“好，五少爷，我冤枉你，我不得好死！哪个赖，哪个也不得好死！”春兰又气又急大声发誓道。“春兰，你**少**说两句！”觉新知道觉群在抵赖，因为觉得春兰的话不能入耳，便阻止道。（巴金 / 秋）

31）の“你少说两句，好不好？”は「もうやめなさいよ、いい？」の意味で、“我是醉翁之意不在酒哟……”と言いながら、さらに話を続けようとする“燕西”に対しての発話で、“燕西”の「さらに話す行為」を止めようとしていることがわかる。

32）の“你少讲两句好不好？”は「もうやめてもらってもいい？」という意味である。“继母”が“嗓门一高”、つまり「大きな声で長々と話す」時に、“她的父亲”は「大きい声で話すのをもうやめなさい」と阻止しているのである。

33）の“你少吃一点吧？”は「これ以上召し上がらないほうが良いのでは？」という意味である。これは“七少奶奶”である“清秋”が次から次へと食べる行為に対して、“李妈”が「これ以上食べないで」と止めていることがわかる。

34）の“四老爷，你少说两句好不好？”は「あなた、これ以上言うのをやめたらどうですか？」という意味である。これは“四老爷”である“克安”の“咬牙切齿地骂起来”という行為に対して、話し手の“王氏”

が「これ以上続けないように」と求めているのである。

35）の“春兰，你少说两句！”は「春蘭、黙りなさい！」という意味である。これは聞き手の“春兰”が“不能入耳”（「聞くに堪えない」）の言葉で話し続けているため、話し手の“觉新”はその行為に対して阻止しているのである。

31）から35）までを見てわかるように、第2グループの形式上の特徴は、述語動詞の後に数量詞を伴って「全量否定」を表す点である。そしてこの「全量否定」は、話し手の発話時以後、当該行為を行わない（続けない）でほしいという意味での「全量否定」である。実際今回集めた用例のうち、このような形式をもって「全量否定」を表すものはそれほど多くないことに加えて、述語動詞は“说/讲”がよく用いられていることも明らかになった。

では、副詞“少”に後続する述語動詞に数量詞を伴っているのに、なぜ「全量否定」を表すことができるのだろう。

第1グループと違って、第2グループは聞き手の実施中の行為に対して用いられている。話し手は発話時までの聞き手の行為自体に対しては容認しているものの、「過量、または度が過ぎた」と判断したため、“少”と述語動詞の後の数量詞で当該行為に対し「量的制限」を加え、「これ以上当該行為を継続（実施）しないよう」求めていることがわかる。つまり、話し手の発話時より、その行為をやめるようという「全量否定」の語用論的効果が生まれたと考えられる。

第1グループと第2グループは、形式上は述語動詞の後に数量詞を伴うか否かで区別されるが、“少”はいずれも話し手の発話時以後当該行為を実施しないようという「全量否定」の語用論的機能を有していると言えよう。

では、3.2.1と3.2.2で述べた第二人称主語文における副詞“少”の「少量肯定」と「全量否定」について、次のようにまとめておこう。

A “少”が「少量肯定」を表す時

形式：第二人称主語＋“少”＋述語動詞＋数量詞＋（目的語）

語用論的特徴：話し手は聞き手の実施予定、または仮に実施する行為に対し、“少”で「少量」実施を求め、「量的制限」を加える。

B “少”が「全量否定」を表す時

形式1：第二人称主語“你”＋“少”＋述語動詞＋（目的語）

語用論的特徴：話し手は聞き手の実施予定、実施中、実施済みの行為に対して否定的評価をし、“少”をもってその行為の量が「少なければ少ないほど良い」と「少量」を強調するあまり、発話時以後その行為を実施しないよう阻止するといった「全量否定」の語用論的効果が生まれる。

形式2：第二人称主語“你”＋“少”＋述語動詞＋数量詞＋（目的語）

語用論的特徴：話し手は聞き手の実施中の行為に対して「過量、または度が過ぎている」と評価し、“少”をもって「量的制限」を行い、発話時以後当該行為を継続しないよう阻止するといった「全量否定」の語用論的効果が生まれる。

すなわち、“少”の意味はあくまでも「少量肯定」であり、「全量否定」は“少”の語用論的機能であると言えよう。

3.2.3 副詞“少”の否定の強さ

第二人称主語文における副詞“少”は「全量否定」の語用論的機能を有するが、その否定の強さは、具体的な文脈の中で、話し手と聞き手の年齢、地位、権力、役割などといった語用論的要素に大きく左右される。まず28）の用例を見てみよう。

28） 家福朝对过宝柱家一努嘴，“宝柱连家都不回，就放心大胆地让别人给收拾。”万老头看看进进出出帮宝柱搬家的人，压低声音冷笑道：“你**少**提那个混蛋，那是个畜生，老太太住院，他都不去守着，还算个人？你瞧瞧他家趁个嘛？装不满一平车，一件像样的东西也没有，当然不怕偷。” （孙力、余小惠 / 都市风流）

この用例において、話し手の“万老头”は聞き手“家福”より年齢が上であり、優位になっている。従って、“你少提那个混蛋”（「あのろくでなしの話をするな」）は否定の語気がとても強く感じる。

ではもう一つ、35）の用例を見よう。

35） 春兰马上反驳道。她愤恨地望着觉群。“我没有！我没有！你冤枉我，不得好死！”觉群挣红脸抵赖道。“好，五少爷，我冤枉你，我不得好死！哪个赖，哪个也不得好死！”春兰又气又急大声发誓道。“春兰，你**少**说两句！”觉新知道觉群在抵赖，因为觉得春兰的话不能入耳，便阻止道。 （巴金 / 秋）

この用例では、話し手の“觉新”は一家の「一番上の坊ちゃん」であり、聞き手の“春兰”は使用人である。話し手と聞き手の社会的地位の優劣により、“你少说两句！”（「黙りなさい」）は否定の語気が非常に強く感じる。

しかし、以下の33）の用例は逆である。

33） 清秋将稀饭搅凉了，夹着凉菜喝了一口，觉得很适口，先吃完了一碗。那一碗稀饭凉了许久，自不十分热，清秋端起来，不多会，又吃完了。伸着碗，便让老妈子再盛。李妈道：“七少奶奶，我瞧你可真是不舒服，你**少**吃一点吧？凉菜你就吃得不少，再要闹上两三碗凉稀饭，你那个身体，可搁不住。”

（张恨水 / 金粉世家）

33）の用例において、話し手の“李妈”は使用人で、聞き手の“清秋”は“七少奶奶”である。話し手は聞き手より社会的地位が下であるため、

“你少吃一点吧？”は「全量否定」の語用論的機能を有するが、否定の語気は弱めである。

このように話し手が“少”を用いて表す「全量否定」の強さは「弱から強へ」という連続性の中で変化する。

ところが、上記のような“少”を用いた“祈使句”を“祈使否定句”（否定命令文）とし、その否定の強さについて相反する結論を下した先行研究がある。まず姚占龙(2014)では、“少”を用いた“祈使否定句”は、その否定の度合が“别”や“不要”、“甭”を用いた“祈使否定句”より強いと指摘している。しかしこれに対し、张谊生(2017)では、“你少X”構文と“你别X”構文について比較対照を行い、異なる文脈において差はあるものの、“你少X”構文は一般的に“你别X”より否定の度合が低いとされている。これらの見解の違いは、筆者が前で述べた、“少”の「全量否定」の度合が弱から強へという連続性の中で変化する、という主張で説明できるものと考えられる。

これまでの考察を踏まえて、副詞“少”の意味と機能は次のようにまとめることができる。

① “少”は「少量肯定」と「全量否定」という二つの意味と機能を持っている。
② “少”の二通りの意味解釈は主語の人称と関係があり、第一人称と第三人称が主語となる場合、一般的に「少量肯定」の意味として解釈される。
③ 第二人称が主語で、“少”に後続する述語動詞の後に数量詞を伴い、そして聞き手の行為が実施予定または仮に実施するものの場合、「少量肯定」の意味として解釈される。
④ 第二人称が主語で、話し手がa）聞き手の実施予定、実施中、実施済みの行為に対し、否定的評価をした場合、b）聞き手の実施中の行為に対し「過量、度が過ぎている」と判断した場合、“少”をもって当該行為の実施または継続を阻止するといった「全量否定」の語用論的機能を持つことになる。

⑤ “少”が「全量否定」を表す場合、話し手と聞き手の年齢や地位、権力や役割といった語用論的要素によって、否定の語気は「弱から強へ」という連続性の中で変動する。

4. 副詞“少”の類型論的考察

これまで述べたように、中国語の副詞としての“少”は、「少量肯定」と「全量否定」という二通りの意味と機能を有するが、このような現象は言語一般において普遍的なことなのか、それとも中国語特有のことなのか、第4章ではこの問題について考えてみたい。これは、中国語と他の言語との相違を知ることだけにとどまらず、中国語教育においてもより正確に、かつ客観的に副詞“少”について捉えることができ、説明することができるようにするためである。本稿ではひとまず日本語と韓国語を考察対象とした。

4.1 日本語の場合

日本語には「少ない」という形容詞がある。そして「少ない」は「少なく」という連用形があるが、「少なく～する」という使い方はあまり普遍的ではないようである[iii]。そのかわり、「少し」や「ちょっと」という副詞があり、こちらの使用頻度はとても高い。「少し」や「ちょっと」は本稿で言う「少量肯定」の意味と機能を有すると言える。例えば、以下の3つの用例を見よう。

36) 私はビールを**少し**飲む。
37) 塩を**ちょっと**だけ入れて。
38) 私は**少し**疲れた。

上記3つの文をそれぞれ中国語にすると、以下のようになる。

36) a 我喝一**点儿**啤酒。

b　我**少**喝一**点儿**啤酒。

37) a　你放一**点儿**盐。

b　你**少**放一**点儿**盐。

38) a　我**有点儿 / 有些**累了。

上記のように、日本語の「少し」や「ちょっと」は“少”と必ずしも一対一の対応関係ではなく、“有点儿”“一点儿”“有些”などと対応する場合もある。

では、「少量肯定」を表す“少”は日本語にするとどうなるか。いくつかの用例を見てみよう。

10)　李爱杰忧心忡忡地早早起来，洗了那个枕套。待秦山起来，她便一边给他盛粥一边说：“咳嗽得这么厉害，咱今天进城看看去。”“**少**抽两天烟就好了。”秦山面如土灰地说。

（迟子建 / 亲亲土豆）

“少抽两天烟就好了。”を日本語にすると、「2、3 日たばこを控えればよくなる。」になる。ここでの「控えれば」は、「たばこの（吸う）量を少なくする」という意味である。

12)　我说，不是我怕什么，我敢拿着喇叭筒子站在楼顶上说我爱你，但那样，后果　就不堪设想了——我明白——近期我们**少**见面，别让她抓住把柄。

（莫言 / 生死疲劳）

“近期我们少见面”は「私たち当分の間会うのを控えよう」になる。「会うのを控えよう」は「会う回数を少なくする」という意味として捉えられる。

17)　周仆简直比一个妻子的关怀还要周到，常常劝他**少**吃一点辣椒，可是邓军什么都可以吃得下，就是没有辣椒不行。（魏巍 / 东方）

“常常劝他少吃一点辣椒”は「唐辛子を食べ過ぎないようにとしょっちゅう彼に言っている。」になる。「食べ過ぎない」は「少し食べても良いけど、過量にならない」の意味である。

24) “萝，你太聪明了，我实在为你难过。你**少**说一点，多想一点，你的见解就不同了。”（沈从文 / 一个女剧员的生活）

“你少说一点”は「ぺらぺら喋らずに」になるが、「ぺらぺら喋らず」は「少しは喋ってもよいが、量を超えないように。」の意味であると考えられる。

こうしてみると、「少量肯定」の“少”は日本語において、一般的に「(少しは良いけど)、～しすぎないように」に対応していると言ってよいだろう。

次は、“少”が「全量否定」を表す場合を見てみよう。

28) 家福朝对过宝柱家一努嘴，“宝柱连家都不回，就放心大胆地让别人给收拾。”万老头看看进进出出帮宝柱搬家的人，压低声音冷笑道：“你**少**提那个混蛋，那是个畜生，老太太住院，他都不去守着，还算个人？你瞧瞧他家趁个嘛？装不满一平车，一件像样的东西也没有，当然不怕偷。”（孙力、余小惠 / 都市风流）

“你少提那个混蛋”は「あのろくでなしの話はもうするな。」と訳され、ここでの“少”は「～（する）な」という否定の終助詞に対応している。

29) 陈佐千让宋妈堵住门，不让人进来看热闹。毓如说，出了丑就出个够，还怕让人看？看她以后怎么见人？陈佐千说，你**少**插嘴，我看你也该灌点醒酒药。（苏童 / 妻妾成群）

“你少插嘴”は「お前は口を挟むな。」と訳され、28）と同様、“少”は「～（する）な」という否定の終助詞と対応している。

35） 春兰马上反驳道。她愤恨地望着觉群。“我没有！我没有！你冤枉我，不得好死！”觉群挣红脸抵赖道。“好，五少爷，我冤枉你，我不得好死！哪个赖，哪个也不得好死！”春兰又气又急大声发誓道。“春兰，你**少**说两句！”觉新知道觉群在抵赖，因为觉得春兰的话不能入耳，便阻止道。（巴金 / 秋）

“你少说两句！”は「黙りなさい！」に訳されるが、その意味は「喋るな」に相当する。「～（する）な」という否定の終助詞の代わりに、否定の意味を有する語彙「黙る」を用いて対応している。

こうしてみると、中国語の「全量否定」の“少”は日本語では「少し」や「ちょっと」では対応できず、以下の形式をもって対応することになる。

形式 1：動詞の終止形＋禁止を表す終助詞「な」（用例 28）や 29）のように）

形式 2：否定の意味を有する語彙やその他の言語形式（用例 35）のように）

4.2 韓国語の場合

韓国語には「적다」という形容詞があり、日本語の「少ない」、中国語の“少”に相当する。そして、「적다」の連用形は「적게」であり、以下 39）のように、副詞的用法がある。

39） 많이 움직이고 **적게** 먹어야 건강할 수 있다.

a たくさん運動して、**少なめに**食べてこそ健康でいられる。

b 多动**少**吃才能保持健康。

さらに、「적게」は副詞「좀」（日本語の「少し、ちょっと」、中国語の“稍微 / 有点儿”に相当する）の後に置かれて一緒に使う場合が多い。たとえば、

40） 술 **좀 적게** 마셔 .
　a　お酒を飲み**過ぎない**ように。
　b　**少**喝点儿酒。

このように、韓国語では「적게」または「좀 적게」で「少量肯定」を表すことができるが、中国語の“少”との対応関係はどうかを見てみよう。

10） 李爱杰忧心忡忡地早早起来，洗了那个枕套。待秦山起来，她便一边给他盛粥一边说：“咳嗽得这么厉害，咱今天进城看看去。”“**少**抽两天烟就好了”秦山面如土灰地说。
（迟子建 / 亲亲土豆）

10）の“少抽两天烟就好了”を韓国語にすると、
　담배　　**좀 적게**　　피우면　괜찮을 거야 .
（たばこを　ちょっと少なめに　吸えば　よくなるだろう。）

になるが、“少”は「좀 적게」に対応している。次の 2 つの用例も見てみよう。

12） 我说，不是我怕什么，我敢拿着喇叭筒子站在楼顶上说我爱你，但那样，后果就不堪设想了——我明白——近期我们**少**见面，别让她抓住把柄。
（莫言 / 生死疲劳）

17） 周仆简直比一个妻子的关怀还要周到，常常劝他**少**吃一点辣椒，可是邓军什么都可以吃得下，就是没有辣椒不行。（魏巍 / 东方）

12）の“近期我们少见面，”は、
　요즘　　우리　　**좀 적게**　　만나 .
（当分の間　私たち　ちょっと少なめに　会おう。）

に訳され、17）の“常常劝他少吃一点辣椒，”は、

항상　그더러　고추　**좀 적게**　먹으라고 권고한다.
（しょっちゅう　彼に　唐辛子を　ちょっと少なめに　食べろと　忠告する。）

に訳される。12）と 17）の“少”はいずれも「좀 적게」と対応している。また、“少”が「적게」だけに対応する例もある。例えば、

24）“萝，你太聪明了，我实在为你难过。你**少**说一点，多想一点，你的见解就不同了。”（沈从文 / 一个女剧员的生活）

24）の“你少说一点，多想一点，”は、

적게　말하고　많이　생각하면
（少なめに　話して　たくさん　考えれば、）

に訳される。ここは後の「많이」（たくさん）との対応を考えて、“少”は「적게」だけにしたほうが妥当であろう。

以上の内容をまとめると、中国語の「少量否定」の“少”は、韓国語では以下の形式をもって対応していることになる。

形式 1：「적게」＋動詞
形式 2：「좀 적게」＋動詞

では、「적게」または「좀 적게」は「全量否定」の機能を果たせるのか。中国語の“少”が「全量否定」を表す場合との対応関係を見てみよう。

28）家福朝对过宝柱家一努嘴，“宝柱连家都不回，就放心大胆地让别人给收拾。”万老头看看进进出出帮宝柱搬家的人，压低声音冷笑道：“你**少**提那个混蛋，那是个畜生，老太太住院，他都不去守着，还算个人？你瞧瞧他家趁个嘛？装不满一平车，一件像样的东西也没有，当然不偷。”（孙力、余小惠 / 都市风流）

28）の“你少提那个混蛋”は、

그　나쁜　새끼　얘기　꺼내**지**　**마**.
（あの　悪い　やつの　話　出す　な。）

に訳される。“少提”は動詞「꺼내다」の語幹「꺼내」＋禁止を表す「지 마」の形に対応している。

29）陈佐千让宋妈堵住门，不让人进来看热闹。毓如说，出了丑就出个够，还怕让人看？看她以后怎么见人？陈佐千说，你**少**插嘴，我看你也该灌点醒酒药。（苏童 / 妻妾成群）

29）の“你少插嘴”は、

넌　말참견하지　마.
（お前は　口を挟む　な。）

に訳される。“少插嘴”は動詞「말참견하다」の語幹「말참견하」＋禁止を表す「지 마」の形に対応している。もう一つの例を見てみよう。

35）春兰马上反驳道。她愤恨地望着觉群。“我没有！我没有！你冤枉我，不得好死！”觉群挣红脸抵赖道。“好，五少爷，我冤枉你，我不得好死！哪个赖，哪个也不得好死！”春兰又气又急大声发誓道。“春兰，你少说两句！”觉新知道觉群在抵赖，因为觉得春兰的话不能入耳，便阻止道。（巴金 / 秋）

35）の“你少说两句！”は、

입　좀　**다물어**！
（口を　ちょっと　閉じろ！）

に訳されるが、“少说两句！”は名詞「입」（口）＋動詞「다물다」（閉じる）の命令形「다물어」で対応し、意味は「黙れ」に相当する。

こうしてみると、中国語の“少”が「全量否定」を表す時、韓国語では「적게」または「좀 적게」で対応できず、以下の形式をもって「全量否定」を表すことになる。

形式1：動詞の語幹＋禁止を表す「지 마」（用例28）と29）のように）

形式2：禁止の意味を有する語彙やその他の形式（用例35のように）

ここまでの考察からすると、中国語の“少”が「全量否定」を表す時、日本語と韓国語は非常に類似しているように見える。ところが、韓国語には「少量肯定」と「全量否定」という二通りの意味と機能を有する副詞がある。その副詞は「작작」であるが、「작작」自体は「度が過ぎないように、適当に」という程度の意味を表す。そして文中において「少量肯定」と「全量否定」の両方の意味と機能を果たすことができる。例えば、

41）　술 좀 **작작** 마셔라 .

　a　お酒はほどほどにしろ。

　b　少喝点儿酒。

42）　뭐가 억울하다고 울어！ **작작**해라！

　a　何が悔しくて泣いてるの！泣くな！

　b　哭什么？有什么可委屈的？**少**哭哭啼啼的！

において、41）は「少量肯定」と「全量否定」、二通りの意味解釈が可能であり、42）は「全量否定」を表す。

「작작」は程度副詞であることから、必ずしも「少量」の意味を有する中国語の“少”と対応できるとは限らない。この問題については紙幅の都合上別稿に委ねることとしたい。

4.3 「少量肯定」と「全量否定」を表す言語形式の対応関係

では、これまで考察してきた中国語と日本語、韓国語の「少量肯定」と

「全量否定」を表す言語形式を以下の表にまとめておく。

	少量肯定	全量否定
中国語	“少”＋述語動詞＋数量詞＋（目的語）	1. 第二人称主語＋“少”＋述語動詞＋（目的語） 2. 第二人称主語＋“少”＋述語動詞＋数量詞＋（目的語）
日本語	1. 動詞の連用形＋すぎないように～ 2. 少量肯定の意味を有する語彙またはその他の言語形式	1. 動詞の終止形＋禁止の意味を表す終助詞「な」 2. 否定の意味を有する語彙またはその他の言語形式
韓国語	1.「적게」＋述語動詞 2.「좀 적게」＋述語動詞 3.「작작」＋述語動詞	1. 動詞の語幹＋禁止の意味を有する「지 마」 2. 否定の意味を有する語彙またはその他の言語形式 3.「작작」＋述語動詞

5. むすび

本稿はコーパスに基づいて、中国語の副詞“少”の意味・機能について再考した。まず形容詞としての“少”が持つ「少ない＝少量」の意味から、副詞としての“少”と肯定、否定および量の関係を明確にした上で、“少”が有する「少量肯定」と「全量否定」という二つの意味の解釈について考察した。その結果、主語の人称が副詞“少”の意味の確定に大きく影響し、主語が第一人称と第三人称の場合、“少”は「少量肯定」として、主語が第二人称の場合、“少”は「少量肯定」と「全量否定」の二通りの意味として解釈されることがわかった。そして中国語のこういった「少量肯定」と「全量否定」という意味機能を兼ねて持つ言語形式について、その普遍性と個別性を明らかにするため、中国語と日本語、韓国語の形態的対応関係について考察を行った。その結果、日本語と中国語はあまり類似性が見られず、韓国語は中国語と似たような言語形式を持ちつつ、日本語と似たような言語形式も存在することが観察された。従って日本語母語話者を中心とした中国語学習者に副詞“少”の意味と用法を教える時、形式的特徴と意味的特徴を明確に示した上で、“少”が使用されるコンテクストや状況についてできるだけ具体的に説明したほうが良いと思われる。

中国語の“少”は「少量」の存在を表す「量化詞」であり、この「少量」はいわば「主観的少量」である。「主観的少量」であるため、その量を「無」に限りなく近づけることも可能である[iv]。そういう意味で、“少”が第二人称主語文において、否定的評価をされた（聞き手の）行為に対し、「全量否定」という語用論的機能を果たせる点も理解しやすいだろう。今回は韓国語にも似たような言語現象が見られたが、英語やその他の言語については今後の課題としたい。

脚注

i 『現代漢語詞典』第7版では「形容詞、動詞、副詞」とし、『現代漢語八百詞』では「形容詞、動詞」としている。

ii 李貞愛(2004)では「阻止的な禁止」としている。

iii 多くのネイティブ・スピーカーから「少なく食べる」「少なく入れる」のような使い方より、「少し食べる」「ちょっと入れる」をよく使うという情報をいただいた。

iv 刘丹青(2013)では、“少”は“是一种主观小量词（甚少词），覆盖了从少量存在到零存在的量域（少→无）”としているが、筆者も同意見である。

引用例文出典

北京语言大学汉语语料库（BCC）（「北京語言大学中国語コーパス（BCC）」）
http://bcc.blcu.edu.cn
出典を明記していない用例は筆者の作例である。また、日本語訳と韓国語訳については、それぞれ複数のネイティブ・スピーカーのチェックを受けたものになっている。

参考文献

〈中国語文献〉
1. 陈爽（2005）祈使性否定副词“少”，《柳州职业技术学院学报》第 3 期。
2. 李倩（2013）祈使句“少 3 + VP”句式及其语义研究，《现代语文（语言研究版）》第 5 期。
3. 刘丹青（2013）汉语特色的量化词库：多 / 少二分与全 / 有 / 无三分，『木村英樹教授還暦記念　中国語文法論叢』，日本白帝社。
4. 姚占龙（2014）祈使性否定副词“少”的产生及其语用解释，《语文研究》第 1 期。
5. 张谊生（2017）贬抑性否定规劝构式“你少 X”研究-兼论“你少 X”与“你别 X”的区别，《现代汉语副词阐释》，上海三联书店。
6.《现代汉语八百词》增订本（2009）商务印书馆。
7.《现代汉语词典 第 7 版》（2016）商务印书馆。
〈日本語文献〉
1. 加藤泰彦・吉村あき子・今仁生美（2010）.『否定と言語理論』開拓社。
2. 李貞愛（2004）.“少”命令文による「部分否定」と「完全否定」，『慶應義塾外国語研究』創刊号，pp43-55. 慶應義塾外国語教育研究センター。

「もっと」という意味の“再”について[1]
—中国語学習者の誤用例から—

1. はじめに

中国語において日本語の「もっと」という意味に当たる副詞は“更”のほかに“再”がある。両者とも後に形容詞を置いてその程度を修飾することができる。そのため学習者はよく次のような文を作る。

1) (走るのが) 遅すぎるよ。速く、もっと速く。
　A　你跑得太慢了，快点儿，**再**快点儿！（○）
　B　你跑得太慢了，快点儿，**更**快点儿！（×）

1) の日本語を中国語に訳させたところ、B のように直した学習者がかなりいた。これは“更”と“再”がともに日本語の「もっと」に当たり、意味的に類似しているからに起因すると考えられる。では B が容認できないのはなぜだろうか。一つの解釈として、“更”は“祈使句”には現れにくいと言えよう。そして“更”とは対照的に“再”は共起できる。このような構文上の不均衡は“再”と“更”の意味が本質的に異なっていると考えられる。そこで本稿は B のような誤用例をスタートラインとし、「もっと」という意味で使用される“再”にスポットを当てて考察をし、“更”との違いを明らかにすることを目的とする。

1　本章は、2006 年 3 月に発行された『慶應義塾外国語教育研究』第 2 号、pp45-59 に掲載されたものである。

2. “再”と“更”

“再”と“更”はともに後に形容詞を置き、「程度の増加」[1]という程度修飾の働きを持っている。しかし実際の使用場面において次のような違いが現れている。

2.1 比較構文において

2) 小王个子高，但小赵**更**高。
(王さんは背が高い。しかし趙さんのほうがもっと高い。)

3) 我觉得红茶比咖啡**更**好喝。
(コーヒーと比べて、わたしは紅茶のほうがもっとおいしいと思う。)

2) と 3) は比較を表す文である。“更”が用いられるのに対し、“再”に置き換えた下記の文

＊2)' 小王个子高，但小赵**再**高。
＊3)' 我觉得红茶比咖啡**再**好喝。

はいずれも容認できない文になってしまう。

2.2 “祈使句”[2]において（以下「命令文」とする）

“再”は命令文に用いられる。

4) 你说得**再**快点儿！
(もっと速く話してください。)

5) 你写得**再**整齐一点儿！
(もっときれいに書いてください。)

しかし4）5）の“再”を“更”に換えてみると、間違った文になる。

＊4)’ 你说得**更**快点儿！
＊5)’ 你写得**更**整齐一点儿！

2.3 両者の違い

ここで“再”と“更”の違いを次のように簡単にまとめておく。

	意　味	比較構文	命令文
更	もっと	○	×
再	もっと	×	○

同じ「もっと」という「程度の増加」の意味をもっているにも関わらず、なぜこのような使用上の違いを有するのか。前掲の例文をここでもう一度取り上げてみよう。

2） 小王个子高，但小赵**更**高。
(王さんは背が高い。しかし趙さんのほうがもっと高い。)
3） 我觉得红茶比咖啡**更**好喝。
(コーヒーと比べて、わたしは紅茶のほうがもっとおいしいと思う。)

例文2）と3）を観察すると、“更”が使われるには前提条件が必要となることがわかる。例文2）においては、「王さんと趙さんが二人とも背が高い」ということが前提となっている。そして例文3）では、話し手に「コーヒーと紅茶の両方がおいしい」という前提が設けられている。このように、“A 比 B 更 Y”が成立するには、「A も Y」「B も Y」という条件が必須となり、比較した結果「A が B を一段と上回る」という文が産出されるのである。“更”が命令文を拒むわけもこれに由来すると思われる。

即ち命令文は一般的にある動作・行為を実行するようあるいは実行しないよう働きかける文であって、眼前の状態について述べる文ではないからである。

一方、

＊2)’　小王个子高，但小赵**再**高。

＊3)’　我觉得红茶比咖啡**再**好喝。

が容認できないのは、“再”が「A も Y」「B も Y」という図式に当てはまらない、つまり“再”の使用には「A も Y」「B も Y」という前提を設ける必要がないことを示している。

“更”の使用における前提条件の不可欠性については先行研究においてすでに指摘されている。“再”については「また、再び」という動作・行為の「重複」意味で使用される場面の記述が多く、よく“还”と比較されて論じられている。しかし前述の命令文における“再”はほとんど触れられていない。したがって本稿は“再”が命令文に現れる場合、どのような意味特徴があるのかを中心に検討して行きたい。

3. “再”と「程度の増加」

「もっと」という意味の“再”が命令文に現れるとき、一般的に以下の三つの形式をとる。

① “再”＋形容詞＋“(一) 点儿”

② “再”＋形容詞＋動詞

③ “再”＋動詞＋形容詞＋“(一) 点儿”

では一つずつ取り上げて見る。

3.1 “再”＋形容詞＋“(一) 点儿”

6) “噢，这你放心，爸爸怎么也得等丁丁输完液再走。”说着，他抬头看着液体瓶，里面大约还有三分之一的液体。他转脸问正在发药的小护士，“护士，你看这些水离滴完还得多长时间？”护士看了看液体瓶：“四十来分钟。”钟锐看看表：“不能**再**快点儿吗？”护士白他一眼：“速度快了小孩儿的心脏受得了吗？”

（王海鸽《牵手》）

（「あ、心配するな。父さんちゃんと丁丁の点滴が終わってから帰るから。」鐘鋭は話しながら点滴の瓶を見上げた。瓶にはまだ3分の1ぐらいの液体が残っている。彼は振り向いて看護婦に言った。「看護婦さん、終わるまでどのぐらいかかりますか？」看護婦は瓶を見て「四十分ぐらいです。」と答えた。鐘鋭は時計を見て「もっと速くできないでしょうか。」と言った。看護婦は彼を睨んで「速くなんかしたら子供の心臓が耐えられないでしょ。」と言った。）

7）晶晶和我大笑，笑得喘不上气。“好吧好吧。”晶晶说：“那我说我喜欢你是因为和你在一起可以不谈人生大道理，我感到轻松。”“还能**再**热情一点吗？”（王朔《永失我爱》）

（晶晶とわたしは息ができないぐらい大笑いをした。「わかった、わかった。」晶晶は言った。「じゃあなたを好きになった理由はね、一緒にいて人生の道理について語らなくて済むから気楽なの。」「もう少し情熱的になってもらえないかな。」）

用例6）の“不能再快点儿吗？”と用例7）の“还能再热情一点吗？”はともに“再”の後に形容詞を置き、さらに“（一）点儿”を加えた形である。そして二つとも相手に対する話し手からの“请求”（「依頼」）として受け取られる。

3.2 “再”＋形容詞＋動詞

8）朱老师说：“好了，好了，老师也有不对的地方，不说这个了。你对自己这次考试的成绩满意吗？看看你的数学得了多少分？”

军军小声说："不满意！66分。"
"你拿倒了，**再**仔细看看。"
军军翻过卷子惊呼："99分！老师，我，99分！"

（王海鸽《牵手》）

（「朱先生は「わかった、わかった。先生も悪かった。この話はやめよう。ところで今回のテストの成績について満足していますか？数学の得点を見てごらん。」と言った。）
（「満足していません。66点です。」軍軍は小さい声で答えた。）
（「逆さまですよ。もっとよく見てごらんなさい。」）
（軍軍は答案用紙を見て驚いて叫んだ。「99点！先生、僕、99点です！」）

9） 孙文贵看着照片摇了摇头表示他不认识。
"他就是王列。你**再**好好想想。你俩不认识，他干吗费那么大劲找你。"

（何可可等《永不回头》）

（孫文貴は写真を見て頭を横に振りながら知らないと言った。）
（「彼は王列なんだよ。もっとよく考えてみて。赤の他人だったら、彼があなたを見つけるためにあんなに一生懸命になるはずがないのよ。」）

用例8）と9）は、"再"の後に形容詞が置かれ、さらに動詞が加わった形になっている。ここで"再"が修飾しているのは後続の連用修飾構造全体である。そして両文とも相手に対する話し手の「命令」として考えられる。

3.3 "再"＋動詞＋形容詞＋"(一) 点儿"

10） 记者追问道："您能**再**说得具体一点吗？"房主在认真地逐张看着，边看边做出回忆状。

（何可可等 《永不回头》）

（記者がさらに問い詰めた。「もっと具体的にお話していただけますでしょうか？」大家さんは（写真を）一枚一枚真剣に見ながら、何か思い出そうとしていた。）

11） “滚开！不要碰我！”
“你诬赖好人。我站这么远，哪儿碰得到你？”
“看到你就倒霉。<u>你**再**给我站远一点</u>！……”

（不详《城市女人心》）

（「あっち行って！触らないでよ！」）
（「濡れ衣だ。こんなに離れているのに、君に触れるわけがないだろう。」）
（「あんたに会うとつきが落ちるのよ。もっと離れていてよ……」）

用例 10）と 11）は“再”に「動詞＋形容詞＋“（一）点儿”」が後続した形式である。後続成分は動作や行為自体を表すものではなく、その状態や様子を示すものである。そして用例 10）は相手に対する話し手の「依頼」であり、用例 11）は相手に対する話し手の「命令」である。

このように“再”は上記三つの形式で命令文に現れ、“再”の後続成分はいずれも状態性を帯びていると考えられる。

4．発話条件

では“再”が命令文に現れるとき、どのような条件が設けられているのか。

一般的に「もっと」と言う場合、まず基準の状態が存在しており、「その基準を超える」という意味を表す場合に適用する。この視点に立って観察すると、“更”のほうは発話時の基準状態が「A も Y」「B も Y」であるが、“再”のほうは発話時の基準となる状態が「Y に達していない」場合に用いられる傾向が見られる。

12） 田小甜：“你往我跟前坐一坐不行啊？你怕我把你吃了哇？”
潘大海往田小甜跟前挪了挪。

田小甜命令地："挪一回就挪那么点儿。**再**近点儿。"

（冯延飞《希望的田野》）

（田小甜は「ここに来て坐りなさい。食べられるとでも思っているの？」）

（潘大海は田小甜の近くにちょっと移動した。）

（田小甜は命令の口調で言った。「ちょっとだけじゃない。もう少し近くに来て。」）

用例 12）で、相手である"潘大海"は"挪"という行為を実行したが、話し手"田小甜"は自分の求めている位置に到っていないと思っているため、"再"を用いて命令したと思われる。

13） 一辆出租车高速行驶，司机小心地看了一眼后视镜。黄建明坐在后座上，阴沉着脸说："能**再**快点儿吗？"说着，他抽出几百块钱扔给司机。 （何可可等《永不回头》）

（一台のタクシーが猛スピードで走っている。運転手はバックミラーをちらっと見た。黄建明は後ろの座席に坐って、暗い顔で言った。「もっと速くしてもらえないか？」そう言いながら何百元かのお金を運転手に投げた。）

これも 12）の用例と同じように、話し手"黄建明"は発話時現在の状況を基準として発話しているが、その基準となる状態は、相手である運転手さんの運転が「速い状態に達していない」である。

このように、話し手が命令文に"再"を用いるとき、基準となる発話時現在の状態が「Y に達していない」ことを含みの意味として相手に伝えていると考えられる。

5. 話し手の視点 3）

前述のように、命令文に"再"が現れたとき、それは話し手が発話時現在の状態を基準とし、その基準が「話し手の求めているYに達していない」という意味を含みとする。したがって「Yに達していない」とは話し手の主観的評価であると言える。以下の用例が裏付けている。

14)　“麻烦您能不能**再**开快点？”王列在一旁着急地说。
歌声充满了整个车厢。孙文贵大声告诉王列“车都跑九十迈了。”
（何可可等《永不回头》）
(「もう少し速く走ってもらえないでしょうか？」王列は横で焦って言った。歌声がバス中に満ちていた。孫文貴は大声で王列に言った。「もう90マイルで走っているよ。」)

14) の用例で、話し手“王列”は「バスのスピードが速い状態に達していない」と評価をし、そこで相手である“孙文贵”に「速い状態に達するよう」お願いしている。しかし、「スピードが速い状態に達していない」というのはあくまでも話し手“王列”の評価（あるいは判断）に過ぎず、相手“孙文贵”は「90マイルで走っているので速い状態である」と主張しているのである。

15)　摄影师回到摄影机后又调镜头。二人在强烈的灯光下努力撑着眼皮保持微笑。
“很好。新郎把眼睛睁大一点……”
钟锐就睁大一点眼睛。
“再大一点。”
钟锐又把眼睛瞪瞪。
“**再**大一点点！”　（王海鸰《牵手》）
(写真屋さんはカメラの後ろに戻ってまたレンズの調整を始めた。二人は眩しいライトを浴びながらも懸命にまぶたを開け微笑んでいた。)
(「いいですよ。新郎さま、目を大きく開けて……」)
(鐘鋭は目を少し大きく開けた。)

(「もうちょっと大きく。」)
(鐘鋭はもう一度目を大きく開けた。)
(「もうちょっと大きく。」)

これも同じことが言える。話し手である“摄影师”は相手“钟锐”に対し二回も“再”を用いて「目を大きく開けるよう」求めている。そして相手“钟锐”も“摄影师”の指示に従って「目を大きく開けた」のだが、“摄影师”の求めている状態に及ばなかったのである。

さらに前掲の12)の用例も同様であるが、ここでもう一度提示する。

12) 田小甜："你往我跟前坐一坐不行啊？你怕我把你吃了哇？"
潘大海往田小甜跟前挪了挪。
田小甜命令地："挪一回就挪那么点儿。**再**近点儿。"
(冯延飞《希望的田野》)
(田小甜は「ここに来て坐りなさい。食べられるとでも思っているの？」)
(潘大海は田小甜の近くにちょっと移動した。)
(田小甜は命令の口調で言った。「ちょっとだけじゃない。もう少し近くに来て。」)

話し手“田小甜”は相手“潘大海”に対し「近くに坐るよう」要求し、相手もそれに応えて“往田小甜跟前挪了挪”を実行した。しかし話し手“田小甜”はまだ“远”(遠い)と感じている。そこで“再”を用いて相手に「もっと近づくよう」命令しているのである。

このように、話し手は命令文に“再”を用いて現在の状態は「(話し手が求めている)Yに達していない」という話し手の評価を相手に伝えている。そしてそれは話し手の期待している状態(本稿では「期待値」と称する)に未到達という、話し手自らの評価、判断である。即ち、話し手は主観的視点から発話時現在における眼前の状態に対して否定的評価を加えているのである。この場合の眼前の状態とは、ある動作・行為によるものである。即ち、“再”は後に形容詞を置いてもその形容詞の表す性質や状態を修飾するものではない。

6. “再”を伴わない命令文との違い

以上「もっと」という意味で命令文と共起する“再”の発話条件と意味機能について述べたが、この節では“再”を伴わない命令文との違いを見る。

16)（外は大雪で道が滑りやすくなっているため、お母さんが子供に向かって）

a 外边路滑，骑车的时候慢点儿。

（道が滑りやすくなっているから、自転車はゆっくりね。）

*b 外边路滑，骑车的时候**再**慢点儿。

17)（急いでご飯を食べている子供に向かってお母さんが）

a 你慢点儿吃。

（ゆっくり食べなさい。）

*b **再**慢点儿吃。

18)（急いでご飯を食べている子供に向かってお母さんが）

a 你慢点儿。

（ゆっくり食べて。）

（a を発話した後子供が少し食べるペースを緩めたように見えたところで）

b **再**慢点儿。

（もっとゆっくり。）

まず 16）は、話し手がこれから自転車に乗ろうとする相手に向かって発話されるものであるが、a が自然な文であるのに対し、b は非文である。これは“再”を伴わない命令文は単に（相手にある動作を実行する時に）「ある状態に達するよう」命令する時にも使用できるが、“再”を伴うものはそういう場面に使用できないことを示している。そして17）は相手がご飯を食べている最中における発話であるが、aが成立するのに対し、bは容認できない。しかし18）におけるbの発話は成立する。これは“再”を伴わない命令文は、発話時現在の状態が「～Y」（つまり「Y」ではない）であることを前提とするが、“再”を伴う場合は、発話時現在の状態が「～Y」（Yではない）」というより、「話し手の期待していたYに到達していない」という話し手の否定的評価を含意することを意味する。

7. 話し手の否定的態度——語用論的特徴

以上のように「もっと」という意味で命令文に現れる“再”は、話し手が主観的視点から、発話時現在の状態が自分の期待している「Yに達していない」という否定的評価を含みの意味として相手に伝達するものである。従って“再”は発話時現在の状態に対する話し手からの否定的態度として捉えられ、それ故に発話時現在の状態に対する話し手の不満を表す場合が多い。そして、命令文に現れるということで「Yに達してほしい、Yに達したらいいなあ」という話し手の願望や期待も読み取れる。

19）牛大爷说：“105 的老郭家，因为上班和开小卖店缺人手，花 50 块钱雇了两个孟家屯的民工代为扫雪，经检查合格。我觉得这也是扫雪的一个新思路嘛，符合中央的精神。改革的步子**再**迈大一些，我们应该允许一部分人先富起来嘛。”

（马星海・英宁《东北一家人》）

（牛お爺さんは言った。「105号室の郭さんの家では、仕事をもっている人もいるし、売店を経営する人もいるので、50元で孟家屯の人を雇って代わりに除雪してもらい、検査に合格した。これも一つの新しい除雪方法だとわしは思っている。中央の主旨と一致しておる。改革のペースはもっと早くなければ。我々は一部の人が先に裕福になることを認めなければならん。」）

19）の用例で“改革的步子再迈大一些”は話し手“牛大爷”が現在の状態——「改革のペースが速い状態に達していない」——に対して不満を抱いており、「もっとペースが早まればよい」という期待も含まれている。

20） 林志浩对张俭说：“只是点皮肉伤，没什么问题。”
母亲焦急地说：“可他说站不起来呀，大夫。你**再**给好好看看吧。”
（许建海・杨海波《爱在生死边缘》）
（林志浩は張倹に言った。「擦り傷だけでたいしたことはないよ。」）
（母親は心配して言った。「でも立つことができないと本人が言っているのです。先生、もう少しちゃんと見ていただけますでしょうか。」）

用例20）で“你再给好好看看吧”は話し手“母亲”が現在の状態を「先生はちゃんと見てくれていない」と捉え、それに対する不満を表していると同時に、「もう少しちゃんと見ていただきたい」という期待も読み取れるのである。

8.“再”＋動詞（＋付加成分）

“再”は後に形容詞を伴わず命令文に現れることもある。この場合これまで考察してきた“再”と違って、「もっと」という「程度の増加」ではなく、「もう少し」という「量的追加」を表すと考えられる。

21） 他放回手机，端起盘子将盘中几大片生姜全倒进去，转身对服务小姐说：“不够，**再**来几片。” （张筠《不回家的男人》）
（彼は携帯を戻し、お皿を取って中に入っていた数片のしょうがを全部丼の中に入れ、ウェイトレスのいるほうに向かって言った。「足りない。しょうが、あと何枚かくれ。」）
22） 李大可说：“哎呀，你说哪去了大哥！服务员，菜点没点呢？”

服务员说："点俩了。"

李大可说："**再**上个鱼，**再**上个鸡。今儿个咱老哥俩好好喝一场。"

（冯延飞《希望的田野》）

（李大可は言った。「ああ、何を言ってるんですか、兄さん。お姉さん、料理は注文した？」）

（ウェイトレスは「二つ注文受けました。」）

（李大可はさらに言った。「あと魚料理一つ、チキン料理一つ。今日はとことん飲みましょう。」）

23）牛大爷说："老伴，还是你行，厂招待所让我等信儿呢。服务公司总比招待所体面一些，明天我就回了人家。"

牛大娘说："你**再**等等，看看两边谁给的工资高。找工作不能单看社会效益，还要看经济效益。"（马星海・英宁 《东北一家人》）

（牛大爺は言った。「さすがお前だ。工場の寮は家で待ってくれと言ったのよ。服務公司は工場の寮より少し顔が立つだろう。明日にでも寮のほうは断ると言いに行く。」）

（牛大娘は言った。「もう少し待って。どっちの給料が高いか見てみないと。仕事探しはね、社会的利益だけじゃなく、経済利益も考えないとね。」）

用例 21）22）23）に現れている"再"はいずれも動詞を修飾し、修飾される動詞は裸の形式ではなく、数量表現を伴うか、重ね型を作るかである。この場合の"再"も話し手の否定的評価として捉えられる。そして話し手が否定するのは量的な不足である。用例に照らして言えば、21）において話し手は"盘中几大片生姜"が足りないと感じ、そこで"再来几片"と頼んだのだと思われる。そして 22）において話し手は「料理 2 品」が少ないと思い、そこで「魚」と「チキン」を追加注文したのである。用例 23）では相手"牛大爷"は"厂招待所"が"让我等信儿"と言ったため、発話時までに「待っていた」が、"服务公司"のほうが先に決まり、「顔が立つ」ので、これ以上待たず、「明日にでも寮のほうは断ると言いに行く」と発話している。これに対し、話し手"牛大娘"は"再"を用いて

「もう少し待つよう」求めているが、これは相手つまり“牛大爷”の「待つ時間の長さ」(時間の足りなさ)に対する否定として捉えられる。

9. “再”が平叙文に現れる場合

「もっと」という意味の“再”は「(話し手の期待していた)状態Yに達していない」という意味を含んでおり、「もう少し、さらに」という意味の“再”は「(話し手の期待していた)数量に達していない」ことを含みの意味として持っている。両者は「話し手の期待値に未到達」という意味特徴、命令文に現れるという二点で一致している。では“再”のこういった意味特徴は「重複」の意味として平叙文に使用される場面にも有効なのだろうか。

例えば

24) 我明天**再**来。
(明日また来ます。)

という文において、“再”が表すのは 「来る」という行為の重複である。ではなぜ同じ動作・行為の重複を実行しようとするのだろうか。例文に文脈を補って分析する。

25) A：请问，小张在吗？
B：对不起，小张今天没上班。
A：那我下次**再**来看他。
(A：あのう、張さんいますか？)
(B：すみません、張さんは今日会社を休んでいます。)
(A：じゃ、また今度訪ねに来ます。)

26) A'：请问，小张在吗？
B'：在，你等一下。
＊A'：那我下次**再**来看他。

（A'：あのう、張さんいますか？）
（B'：いますよ。少々お待ちください。）
（＊ A'：じゃ、また今度訪ねに来ます。）

25）の会話においてAは「張さんに会いに会社に行った」が、張さんが「休んでいた」ため会えなかったのである。つまりAは「来る」という行為を「今日」即ち発話時点の段階で行ったが、目標（張さんに会うこと）に到達できなかったために、「今度」同じ行為の重複を決めたと考えられる。26）の例に示すように、Aが目標に到達できた時には“再”の使用が不可能になる。

こうしてみると、“再”による同一動作・行為の重複は発話時点までに行われた動作・行為が目標に到達できなかったためと思われる。では、次の場合はどうだろうか。

27） A：我明天有事，不能和你去看电影了。
B：没关系，<u>我们以后**再**去看好了</u>。
（A：明日用ができて、一緒に映画を見に行けなくなりました。）
（B：かまいません。また今度にしましょう。）

ここで“再”による重複行為“去看电影”は発話時点において未実現である。しかし、“去看电影”という行為の実行が予定・計画されていたことは確かである。その予定された行為がある種の原因——27）の例文では「Aに用事できた」——ことで実現できなくなったため、もう一度実行すると述べているのである[4]。

このように、“再”による同一動作・行為の重複は、発話時点において行われたあるいは行われる予定だった動作・行為が、ある種の原因で目標に到達できなかった、あるいは実現できなかったことを前提とする。こうしてみると、同一動作・行為の重複に用いる“再”に設けられた（目標に）未到達・未実現という前提と、「もっと」「もう少し、さらに」という意味で命令文に現れる“再”の「期待値に未到達」という前提は連続性をなしているとも言えよう。

10. 再び“再”と“更”

では本稿の冒頭の部分で挙げた学習者の誤用について、今まで述べてきた内容に基づくと次のような解釈が可能であろう。

1) （走るのが）遅すぎるよ。速く、もっと速く。
A　你跑得太慢了，快点儿，**再**快点儿！（○）
B　你跑得太慢了，快点儿，**更**快点儿！（×）

“再”と“更”はともに後に形容詞をおいて「程度の増加」という意味機能を持っている。この場合日本語の「もっと」という意味に当たる。しかし「もっと…してほしい」「もっと…してください」など、「命令」や「依頼」をする場合“更”ではなく“再”を使用する。“更”を使用する際には、「比較される両者がともにYである」という既成事実の存在が考えられる。したがって「命令」や「依頼」を表す命令文に相応しくない。それに対し、“再”の場合は話し手の発話時において、ある（動作・行為による）状態が存在しているが、話し手の期待値「Y」に達していない。そのために「(話し手の求めている）Yに到達するよう」話し手が「命令」や「依頼」をすることができるのである。つまり命令文と共起できるのである。

11. おわりに

本稿では学習者の誤用例から副詞“再”と“更”の違いを考察した。とりわけ命令文との共起において両者の見せた不均衡を出発点とし、その意味特徴を明らかにした。議論においては今まであまり言及されていない「もっと」という意味で使用される“再”に焦点を当てて展開し、その意味機能を明らかにした上で、“更”との相違について確認した。「もっと」

という意味の“再”の使用において、①話し手に期待値が設けられていること、②話し手の発話時の状態が期待値に至っていないこと、の二つが発話条件として必要であるという結果が考察された。これは“更”と区別する上で教育現場にいささかの示唆が与えられるのではないかと思われる。しかし、本稿は中国語教育の現場に着眼しているため、副詞“再”の本質についての議論が充分にできなかった。次の機会に譲りたい。

注

1) 吕叔湘 1980 による。

2) 袁毓林 1995 では命令文を大きく kernal imperative と marginal imperative の二種類に大別している。形態上主語が第二人称をとり、述語が動作・行為を表す述語性語彙が担当するような命令文を kernal imperative と呼んでいる。marginal imperative とは、形式上以上のような特徴を備えていないが、機能的には命令文の意味しか持たないものを指す。例えば“行吗”“能不能”などがこれにあたる。

3) 言語行為（Speech Act）において、話し手がある出来事を描写しようとする時に、話し手自身が占めている空間的 (spatial)、時間的 (temporal)、心理的 (psychological) な位置。澤田治美 1993、p303 を参照。

4) 陆俭明 1993、p128–29 では、こういったタイプを“空缺的重复”（「空の重複」）と呼んでいる。

引用例文出典

王海鸽《牵手》

马星海・英宁《东北一家人》

冯延飞《希望的田野》

张筠　《不回家的男人》

许建海 杨海波《爱在生死边缘》

何可可・饶辉・吴楠・王维明・张人捷《永不回头》

不详《城市女人心》

王朔《永失我爱》

以上の作品は“亦凡公益图书馆”による。

1) の用例は学習者による作例である。

その他出典が記されていないのは筆者の作例である。

参考文献

［中国語文献］

蒋琪・金立鑫 1997.〈“再”与“还”重复义的比较研究〉,《中国语文》第 3 期, pp187-191.

陆俭明 1993.《现代汉语句法论》商务印书馆

吕叔湘 1980.《现代汉语八百词》商务印书馆

马希文 1985.〈跟副词“再”有关的几个句式〉,《中国语文》第 2 期, pp105-114.

袁毓林 1993.《现代汉语祈使句研究》北京大学出版社

［日本語文献］

相原茂 1993.「“你明天再来吗？”の非文法性」,『大東文化大学語学教育研究所 10 周年記念現代中国語文法研究論集』, 大東文化大学語学教育研究所, pp70-80.

澤田治美 1993.『視点と主観性―日英語助動詞の分析―』ひつじ書房

中桐典子 1997.「“比”構文における“更”と“还”」,『お茶の水女子大学中国文学会報』No16, pp1-14.

［欧文文献］

Levinson, S. C. 1983. *Pragmatics,* Cambridge: Cambridge University Press.

Searle, J. R. 1969. *Speech Acts: an Essay in the Philosophy of Language,* Cambridge: Cambridge University Press.

"试试"命令文の機能分析[1]

1. "试试"と「VP＋"试试"」

"试"は動詞で「試みる、試す」という意味を持つ。"试行"は「試しにやってみる」意味であり、"试运行"は「試運転する」意味である。"试"は重ね型を作って、(1)(2)が示すように本動詞としての使い方もあれば、(3)が示すようにVPの後に置いて連動構造をなすことも可能である。

(1) 好，好，我记住了，照你的话**试试**，谢谢，医生！
(CCL《1994年报刊精选》)
(はい、わかりました。言われた通りにやってみます。ありがとうございます、先生！)

(2) 我抱着**试试**自己水平的心情去参加高考，一下便考上了清华大学。
(CCL《1994年报刊精选》)
(私は自分の実力を試してみようとの思いから大学を受験したが、いきなり清華大学に受かった。)

(3) 女儿出差上海回来，给我买回一块手表，说是新产品，让我戴戴**试试**。
(CCL《1993年人民日报》)
(娘が上海出張から帰ってきてお土産として時計を買ってくれた。新製品だからつけてみてと言われた。)

(1)と(2)の"试试"は本来の「「試みる、試す」」という意味で用いら

1 本章は、李貞愛 2004.『中国語の潜在的否定についての研究』(博士学位論文)の第十四章「"试试"を伴った命令文」を元に修正加筆したものである。

れ、また(2)のように“试试”は目的語を取ることも可能である。(3)の“试试”は動詞“戴”（帽子や時計などを身につける）の重ね型“戴戴”の後に置かれ、“戴”という行為を試しに行う意味を表し、補助的な働きをする。

2. “试试”命令文の３つの機能

「第二人称＋ VP ＋“试试”」文は、聞き手に対し、VP が表す動作・行為を試しに行うよう働きかける「命令文」と解釈される場合と、そうでない場合がある。なお、先行または後続する文脈に VP が現れた場合、“试试”前の VP は省略されることが多い。

2.1 「働きかけ」を表す場合

(4) 世钧道：“你戴上**试试**，恐怕太大了。”戒指戴在她手上，世钧拿着她的手看着，她也默默地看着。　（BCC《半生缘》）
（「はめてみて。サイズが大きすぎたかも。」世鈞はそう言いながら指輪をはめた彼女の手をずっと見ていた。彼女も何も言わずにただ見つめていた。）

“戴上试试”は話し手“世钧”が聞き手“她”に対し、“戴”（はめる）という動作・行為を試しに実行するよう働きかけている。

(5) 妞妞，你吃一口**试试**！你看哥哥怎么吃得怪香呢？
（BCC《四世同堂》）
（妞妞、一口食べてみて！ほら、お兄ちゃんは美味しそうに食べているだろう？）

“吃一口试试”は動詞“吃”と“试试”の間に「数詞＋動量詞」（数量構造）が挿入され、話し手が聞き手“妞妞”に対し、「一口食べることを促す」といった働きをする。

(4)と(5)の「第二人称＋ VP ＋ “试试”」は「VP が表す動作・行為を試しに行うよう働きかける」といった発語内効力[2]を有する文である。

2.2 「仮定的結果予告」＋「働きかけ」

「第二人称＋ VP ＋ “试试”」文には、「VP ＋ “试试”」に先行または後続する文が仮定的な状況がもたらす結果を示すものが見られる。

(6) 小顾阿姨你肯定念不好这个绕口令，不信你**试试**！

（CCL《穗子物语》

(顧おばさんは間違いなくこの早口言葉がうまく言えないと思う。信じないなら言ってみて。)

(7) 那不是一般的车，你玩回**试试**，保你上去就不爱下来。

(BCC《顽主》)

(あれは普通の車じゃないよ。一回乗ったら絶対降りたくないと思う。)

(6)の“你试试”は動詞“念”が省略された形である。“不信你试试”に先行する“小顾阿姨你肯定念不好这个绕口令”（顧おばさんは間違いなくこの早口言葉がうまく言えない）は「顧おばさんがこの早口言葉を言う」事態が仮に発生した場合の結果である。そして(7)の“你玩回试试”に後続する“保你上去就不爱下来”（一回乗ったら絶対降りたくないと思う）は「聞き手がこの車に乗る」ことを実行した場合の結果である。

従って(6)と(7)における「VP ＋ “试试”」は“如果 / 假如 / 要是”など、「仮定」を表す接続詞に置き換えて条件節にすれば、「VP ＋ “试试”」に

---

2 Austin 1962 では、話し手の発話によって、その意図が聞き手に伝わることを「発語内行為」と分析した。この「発語内行為」により生じる機能を「発語内効力」と呼ぶが、例えば、命令、約束、依頼、質問、警告、陳謝、提案、勧誘、祈願、感歎などがある。

先行または後続する文と意味的、文法的に連結することができる。つまり、(6)は（6'）に、(7)は（7'）に置き換えることができる。

（6'）　小顾阿姨你肯定念不好这个绕口令，**要是**你念（这个绕口令）**的话**！
（顧おばさんがもしこの早口言葉を言ったら、間違いなくうまく言えないと思う。）

（7'）　那不是一般的车，**如果**你玩一回，保你上去就不爱下来。
（あれは普通の車ではないよ。一回乗ったら絶対降りたくないと思う。）

従って(6)と(7)は、聞き手に仮定的な状況がもたらす結果を予告した上で、VP が表す動作・行為を試しに実行するよう働きかけるといった意味機能を持つ。

2.3 「仮定的結果予告」+「警告」

しかし「第二人称+ VP + "试试"」文は、構文の意味が話し手の発話意図と一致しない場合がある。

（8）　"你找个潘佑军那样的老婆**试试**，就你这样的一天和她也过不下去。"　（BCC《过把瘾就死》）
（「潘佑軍の奥さんのような嫁さんをもらってみなさいよ、あなたのような人は彼女と一日だって平穏無事に暮らせないわ。」）

(8)の場合、話し手は聞き手に本気で「"潘佑军"の奥さんのような人と結婚するよう働きかけている」のではない。「もしそうなったら」という仮定をし、後続する文脈"就你这样的一天和她也过不下去"（あなたのような人は彼女と一日だって平穏無事に暮らせない）で、"潘佑军"の奥さんのような人と結婚することがもたらす結果を述べているが、この結果は聞き手にとって望ましいものではない（と話し手が判断している）。従って話し手の“找个潘佑军那样的老婆试试”という発話は、「“潘佑军”の奥さんのような人と結婚しない方が良い」が「本当の発話意図」である。

(9) 但你杀我后若要回头去救舒靖容，则万万来不及。我死了她也活不了，不信你**试试**— (BCC《听雪楼系列》)
(俺を殺した後、舒靖容を助けに行こうとしたらもう間に合わない。俺が死んだら彼女も死ぬ。疑っているなら俺を殺してみろ。)

(9)の“试试”は前の文脈で現れた“杀我”が省略された形である。先行する“你杀我后若要回头去救舒靖容，则万万来不及。我死了她也活不了。”という文脈から“试试”には「もしきみが俺を殺したら」という仮定の意味が読み取れる。そしてこの仮定が成立した場合、“我死了她也活不了”（俺が死んだら彼女も死ぬ）という予想される結果が聞き手にとって望ましいものではないため、“试试”は聞き手に「“杀我”（俺を殺す）を実行するよう働きかけるものではない」と判断できる。

「第二人称＋ VP ＋“试试”」文は、「VP ＋“试试”」に前後する文脈が仮定的な状況が成立した場合の結果を予告する事態内容を表し、その事態内容が聞き手にとって望ましいものではないと話し手が判断した場合、VP によって表される動作・行為の実行への「働きかけ」といった意味機能が希薄となり、聞き手に注意を与える、つまり「警告」といった語用論的含意が伝えられる。

2.4 「結果認識要求」から「動作・行為の非実行要求」へ

「警告」とは、よくない事態が発生する可能性があるため、聞き手に気をつけるよう告げることである。言い換えれば、聞き手に対し、発生する可能性があるよくない事態について認識するよう求める行為として捉えられる。そしてこの行為には、「よくない事態（結果）を招く動作・行為は実行しない方が良い」という意味が含まれ、話し手は聞き手がそれを推論できると信じて（警告行為を）行なっている。

（10） “站住！再动我就开枪了！” 高个儿一愣：“你有枪？” 接着又冷笑起来：“假的吧？” 小白 “哗啦” 顶上子弹：“你再走一步**试试**！” 高个儿不敢动了。（CCL 网络语料）
（「動くな！動いたら打つぞ！」「銃を持っているの？」背が高い人は一瞬驚いた表情を見せたが、すぐに冷笑を浮かべながら「偽物だろう？」と言った。小白は拳銃にマガジンを挿入した。「あと一歩でも動いてみろ！」背が高い人は怖くて動かなかった。）

（11） 你们往后再敢欺负她一次，我就叫民兵连长送你们蹲牢子去！不信你们就**试试！**（BCC《骚动之秋》）
（今後また彼女をいじめたら、民兵隊長に言いつけてお前たちを刑務所に入れてやるよ。信じないならやってみればいい。）

(10)の “你再走一步试试！”（あと一歩でも動いてみろ）は “你再走一步”（あと一歩動く）を仮定事態とし、これが成立すると “我就开枪”（僕が打つ）という結果になることを話し手は聞き手に認識させ、聞き手に「動かないよう」訴えかけている。聞き手も話し手の意図を汲み取って “不敢动了”、つまり動くことをやめたのである。

(11)の “你们就试试” は先行する文脈から “你们往后再敢欺负她一次试试” に復元可能で、仮定した事態である。これが成立すると “我就叫民兵连长送你们蹲牢子去”（民兵隊長に言いつけてお前たちを刑務所に入れてやる）という結果を招くことを話し手が聞き手に認識させ、聞き手に「これから彼女をいじめるな」を伝えている。

このように「第二人称＋ VP ＋ “试试”」文は「仮定条件」という意味解釈が可能な場合が存在し、その際の文法的特徴、意味機能は以下のようにまとめることができる。

1）「第二人称＋ VP ＋ “试试”」文の前後に VP が表す動作・行為を実行した場合に想定される結果を示す文があり、VP は省略されることがある。

2）「第二人称＋ VP ＋ “试试”」文は、「“如果 / 假如 / 要是” ＋ VP ～」

のように「仮定」を表す接続詞を伴う条件節に置き換えることが可能である。

3)「第二人称＋ VP ＋ “试试”」文は「仮定的結果予告」＋「VP が表す動作・行為を実行するよう働きかける」といった意味機能を持つ。しかし、仮定的な状況がもたらす結果が聞き手にとって望ましくないと話し手が判断した場合、「第二人称＋ VP ＋ “试试”」文は、聞き手に対する「結果認識要求」であり、「VP が表す動作・行為を実行しない方がよい」という「警告」となる。

3.「第二人称＋ VP ＋ “看（看）”」文

視覚動詞の “看”（見る）は、「VP ＋ “看”」、「VP ＋ “看看”」という連動構造を作ることができる。ただ 2 つの形式は意味と機能において非対称性が観察される。

まず「VP ＋ “看看”」の場合、“看” は視覚動詞としての意味を表す場合もあれば、「VP を試しに行う」意味を表す場合もある。

（12） 待会儿你进去**看看**，要是慧梅睡得很熟，你立刻告我。

（CCL《人民日报》1998）

（後で中に入って確かめてみて。もし慧梅がぐっすり寝ていたらすぐに教えて。）

（13） 这个姓宋的小伙子我看倒是不错，人家又对你有意思，你要不就考虑**看看**吧。（CCL《非诚勿扰》）

（この宋さんという若者は素晴らしいね。彼もきみに気があるみたいだし、考えてみたら。）

(12)の “进去看看”（入って見てみる）は、文法的には「“进去”（入る）＝ VP1」と「“看看”（見てみる）＝ VP2」が対等な関係（並列関係）にあり、意味的にはそれぞれ単独で使う時と同じ意味を持つ。一方、(13)の “考虑看看”（考えてみる）は、主な文法的役割を「“考虑”（考える）

＝VP1」が担い、「“看看”（見てみる）＝VP2」は“考虑”を補足する成分として“考虑”という行為を「試しに行う」意味を表す。この“看看”は“考虑”という動作・行為のあり方、進め方を表すアスペクト的な成分と見做すことができる[3]。実際BCCコーパスで検索をかけた結果、「VP＋“看看”」におけるVPと“看看”の関係は前者、つまり対等な関係の方が多く観察され、生産性が高い。

一方、「VP＋“看”」は、VPの音節の数に大きく左右される。VPが2音節以上の場合、(14)が示すように、“看”は視覚動詞の意味を表し、VPと“看”は文法的に対等な関係をなす。

(14)　“亚丹，快来。佩珠，德华，你们都进来**看**。”　（BCC《雾雨电》）
（「亜丹、早く来て。佩珠も徳華も中に入って見てね。」）

しかし、VPが1音節の場合、そのまま“看”と組み合わせることができず、(15)(16)のように重ね型を作る必要がある。そしてVPと“看”は対等な関係ではなく、“看”はVPの補足成分として、VPを「試しに行う」意味しか持たない[4]。

(15)　你找找**看**，一定掉在了什么地方。　（CCL《读者》）
（探してみて。きっとどこかに落としたに違いない。）

(16)　你想想**看**，世上又有哪一朵花是可以永开不败的呢？
（CCL《读者》）
（考えてみて。世の中に枯れない花がどこにあるのだろうか。）

3　吕叔湘1982では、アスペクトを“相”（のちに“态”を用いている）とし、9つに分類している。「動詞の重ね型」と「動詞＋“一”＋動詞」を“短时相 / 尝试相”としている。

4　陆俭明1959、p490では、“VV看”の動詞Vはほとんどが1音節動詞で、2音節動詞の用例は非常に少ないと述べている。

そして前置されるVPは1音節動詞の重ね型で、すでに「～してみる」という意味が含まれるため、“看”は消去可能という特徴を持つ。

ここまで分析したVPと“看”、“看看”の文法的、意味的特徴を表1にまとめる。

表1

	文法的特徴	意味的特徴（意味の重点）
VP＋“看看”①	VPと“看看”は対等な関係。	“看看”にある。
VP＋“看看”②	1）VPが支配的、“看看”は補足的； 2）VPは動詞の原形、または重ね型。	1）VPにある。 2）VPが重ね型の場合、“看看”は消去可能。
VP＋“看”①	1）VPと“看”は対等な関係； 2）VPは2音節以上。	“看”にある。
VP＋“看”②	1）VPが支配的、“看”は補足的； 2）VPは1音節動詞の重ね型。	1）VPにある； 2）“看”は消去可能。

4.「第二人称＋VP＋“试试”」文と「第二人称＋VP＋“看（看）”」文

4.1　VPの省略可否

(11)の用例を再度取り上げる。

(11)　你们往后再敢欺负她一次，我就叫民兵连长送你们蹲牢子去！不信你们就**试试**！

文中の“不信你们就试试”は“不信你们就看看”または“不信你们就看”に置き換えられない。“不信你们就试试”は“不信你们就往后再欺负她一次试试”のようにVP“再欺负她一次”の復元が可能であるが、“不信你们就看看”と“不信你们就看”の“看看”と“看”は視覚動詞としての意味解釈が優先される。これは(17)が示すように、動詞“试”には「ある動作・行為を行う」意味が既に内包され、代動詞の用法が可能であることに起因する。

(17) a　我觉得这件衣服挺适合你的，你穿**试试**。
（この服はあなたにとても似合うと思う。着てみて。）
b　我觉得这件衣服挺适合你的，你**试试**。
c　我觉得这件衣服挺适合你的，你穿**看看**。
？d　我觉得这件衣服挺适合你的，你**看看**。
e　我觉得这件衣服挺适合你的，你穿穿**看**。
？f　我觉得这件衣服挺适合你的，你**看**。

(17) b が示すように、動詞“穿”（着る）を省略しても“试试”で「着てみる」という意味を表すことができるのに対し、動詞“穿”（着る）を省略した(17) d の“看看”と、“穿穿”（着てみる）を省略した(17) f の“看”はいずれも視覚動詞の意味（見る）に変わる。

4.2 「働きかけ」と「結果要求」

「第二人称＋VP＋“试试”」文は、聞き手に対しVPを試しに実行するよう「働きかけ」性が強い。それに対し「第二人称＋VP＋“看”」文は、(18)(19)が示すように、VPを行ないその結果まで求める「結果要求」性が強いと言える。

(18)　你算算**看**，自从亦然和令晓结婚后，他过了几天平稳的日子呢？　（BCC《意外》）
（数えてみて。亦然は令晓と結婚してから穏やかに過ごした日は何日あった？）

?（18'） 你算算**试试**，自从亦然和令晓结婚后，他过了几天平稳的日子呢？

（19） 你倒说说**看**，多少人是公安局抓的，多少人是你们自己挥挥手就抓的。 （BCC《茶人三部曲》

（じゃ言ってみてよ。公安局が何人捕まえて、あなたたちが何人捕まえたかを。）

?（19'） 你倒说说**试试**，多少人是公安局抓的，多少人是你们自己挥挥手就抓的。

（18）の“算算看”と（19）の“说说看”の後続文脈から、“看”は“算”の結果、“说”の内容を求める、つまり情報提供を求めるといった働きをする[5]。そして（18'）と（19'）を見てわかるように、“看”を“试试”に置き換えると文の容認度が低下する。実際BCCコーパスを検索してみると、“算算试试”の使用例は0で、“说说试试”は3例観察されたが、3例のうち、1例は主語が第一人称で、「説得してみる」という意味で使われ、残りの2例はいずれも主語が第二人称であるが、1例は「仮定条件」の意味解釈が可能な“试试”で、もう1例は「試しに話してみる」意味を表すものであった。

5. まとめ

「第二人称＋VP＋“试试”」文には、前または後文脈がVPを実行した場合に予想される結果を表すタイプがあるが、この場合「VP＋“试试”」は、「“如果/假如/要是”＋VP～」のように「仮定」を表す接続詞を伴う条件節に置き換えることが可能である。従って「第二人称＋VP＋“试

5　張佩茹2008、p203では、(18)(19)のような“看”を《試みの“看”》とし、「未知の事柄を究明する」ということを意味する動詞と結びつく傾向がきわめて強いと述べている。

试”」文は「仮定的結果予告＋働きかけ」といった機能を持つ。しかし、予想される結果が聞き手にとって望ましくないと話し手が判断した場合、「第二人称＋ VP ＋ “试试”」文は、構文の意味と話し手の発話意図が一致せず、「仮定的結果予告＋警告」として機能し、聞き手に対して「仮定条件がもたらす結果を認識した上で、VP の実行を諦めるよう」求める働きをする。そして「第二人称＋ VP ＋ “看（看)”」文も「VP の実行を促す」といった機能を持つが、「第二人称＋ VP ＋ “看看”」文と「第二人称＋ VP ＋ “看”」文の選択使用は動詞の音節の数に大きく左右される。また「第二人称＋ VP ＋ “看（看)”」文は VP を削除すると視覚動詞“看”の意味に変わる。

参考文献

陆俭明 1959.〈现代汉语中一个新的语助词“看”〉,《中国语文》10 月号，pp490–492.

吕叔湘 1982.《中国文法要略》（汉语语法丛书 商务印书馆 1982）

袁毓林 1993.《现代汉语祈使句研究》北京大学出版社

阿部桂子 1999.「命令文の語用論」,『語用論研究』No1，pp29–43.

張佩茹 2008.「《見究めの“看”》と《試みの“看”》」,『中国語学』255 号，pp197–216.

李貞愛 2004.『現代中国語の潜在的否定についての研究』（博士学位論文）お茶の水女子大学大学院

Austin, J. L. 1962. *How to Do Things with Words*. Cambridge, MA: Harvard University Press
（邦訳：坂本百大訳 1978.『言語と行為』大修館書店）

応答表現“好了”と“行了”の意味機能[1]

1. 応答に用いる“好了”

日常会話の中で、話し手は相手の発話内容に応じ、何らかの反応を言葉で返すのが一般的である。そしてこの反応はおおよそ、相手の発話内容に対する肯定または否定を表す類と、話し手の喜怒哀楽などといった感情を表す類の2つに分類できるが、(1)のB1とB2は前者に当たる。

(1)　A：你到家后给我发个信息。
　　　（家に着いたらメッセージを送って。）
　　B1：**好了**，我知道了。（はい、わかった。）
　　B2：**嗯**，我知道了。（うん、わかった。）

B1の“好了”とB2の“嗯”はどちらもAの発話内容に応じた表現である。B2の“嗯”は感嘆詞で、日本語の「うん、はい、ええ」に相当し、「肯定や承諾」の意味を表す[2]。一方、B1の“好了”は構造的には形容詞“好”に助詞“了”が加わったもの[3]で、(1)においてはB2の“嗯”とほぼ同じ意味であると言える。しかし“好了”は(2)のように、「肯定」ではなく、その反対の意味が読み取れるような用法もある。

1　本章は、李貞愛2005.「中国語の応答表現“好了”と“行了”について」,『桜美林言語教育論叢』Vo1(1), pp41-60. を元に加筆修正したものである。

2　《现代汉语大词典》2010。

3　王珏2012では“好了”を複合型語気詞としているが、《现代汉语词典》第5版と《现代汉语八百词》では“好了”は「形容詞“好”＋助詞“了”」という捉え方をしている。

（2） A：他们这样做太过分了！气死我了！
（あの人たちは本当にひどい！腹が立ってしょうがない！）
B：**好了**，先喝口水，消消气。
（わかった。水を飲んで、ちょっと落ち着いて。）

(2) B の“好了”は相手の発話内容に対する「肯定」というより、相手の「怒っている」という進行中の行為に対し、これ以上続かないよう求めるものである。このように“好了”は(1)の B1 のように、肯定標示として用いられるだけではなく、(2)の B のように、相手の行為の続行を停止（否定）する場合にも使用される。本章ではこういった応答に用いる“好了”の否定機能に焦点を当て、類義表現の“行了”も合わせて取り上げ、両者の意味・機能を考察する。

2. “好”と“行”が応答に用いる時

“好了”と“行了”の考察に入る前に、まず助詞“了”がつかない“好”と“行”が応答に用いる場合を見る。

2.1 “好”の意味機能

まず“好”は(3)が示すように、相手の提案に対し、「賛成」の態度を表明することができる[4]。

（3） A：我们先去他家看看吧。（先に彼の家に行ってみよう。）
B：**好**，就这么办。（そうね。そうしよう。）

次に“好”は(4)のように、相手の命令や依頼を受けて、「承諾」の意志を表明することができる。

4 吕叔湘 1980 では「賛成の態度を表明する」と述べている。

（4）　总经理：小王，给我订一张明天飞广州的票。
（王さん、明日の広州行きの航空券を取ってくれ。）
秘书：**好**，我马上订。（かしこまりました。すぐ手配します。）

(3)と(4)の“好”は、いずれも相手の発話内容に対する話し手の「明示的な受け入れ」を表す。

“好”はまた(5)のように、相手の発話を前提とせず、話し手が自分の発話の途中で用いる場合がある。

（5）　护士长说：“方老，您好。这位是大学生杜鹃，以后她会经常来看望您。**好**，你们谈。一会儿我来为您作治疗。”
（BCC《汗血马尾》）
（「方先生、こんにちは。こちらは大学生の杜鵑です。これからは彼女がよく見舞いに来ると思います。では2人で話をしていてください。後で治療に来ますから。」と婦長は言った。）

(5)における“好”はその前後の文脈が持つ意味的性質から、話し手“护士长”が先行する自分の発話内容に対して一つの区切りをし、その後新規の話題を導入するといった働きをすることが読み取れる。(3)と(4)の“好”は応答表現であるが、(5)の“好”は「つなぎ語」と見做した方が妥当であろう。

2.2 “行”の意味機能

“行”はまず(6)が示すように、相手の要求に対して「承諾」の意志を表明することができる[5]。

（6）　A：你带我去看海吧。（私を海に連れて行ってほしい。）
B：**行**，我带你去。（わかった。連れて行ってあげるよ。）

5　吕叔湘1980では「応答または制止に用いる」と述べている。

Aの「海に連れて行ってほしい」という要求に対し、Bは“行”を用いて引き受けたことをAに伝えている。(4)に用いられた“好”も「承諾」を表すが、“行”との互換性は会話参加者間の関係及び会話内容などに影響される場合がある。例えば(4)の“好”を“行”に置き換えると丁寧さが欠け、違和感を覚える。

(4') 总经理：小王，给我订一张明天飞广州的票。
秘书：？**行**，我马上订。

この丁寧さの違いは“好”と“行”の語彙的意味が関与している[6]と思われる。“行”には“可以VP”（～してもよい）という「許可」の意味が含まれるため、秘書が総支配人に対し用いるのは失礼だと感じるのである。一方、“好”には「よろしい」というプラス評価の意味があるため、(4)では「好意的に受け入れる」というニュアンスが付与され、丁寧さが増す。

次に、“行”は“好”と同様に、話し手が自分の発話の途中で用いる場合があるが、“好”と違って、相手の発話を前提とする。

(7) “我不知道你干嘛去了，你干嘛去了自己知道。”
“你怎么不讲理啊？**行**，我不说了，你说我干嘛去了我干嘛去了。怎么着吧？” (BCC《给我顶住》)
(「あなたが何をしに行ったか私にはわからない。あなた自身が一番よくわかっているだろう。」「無茶なことを言うね。いいよ、もう何も言わないから。きみの言う通りだ。だから何？」)

“行”の前文脈“你怎么不讲理啊？”は疑問文の形式で実際は“你不讲

6 丁寧さの表出には、語の選定、動詞・助動詞類の文法的形態、語順など様々な文法的手段が関わり、言語によって異なる。中国語は孤立語であるため、動詞・助動詞類の文法的形態ではなく、語の選定や語順に頼る場合が多い。

理”（きみは無茶なことを言っている）という意味を表す。話し手は相手の発話内容“我不知道你干嘛去了，你干嘛去了自己知道”を“你不讲理”と認定し、相手の発話内容に賛成できないが、コミュニケーションを継続させるために“行”を用いて一旦許可するといった「消極的な受け入れ」を見せながら、「妥協」「あきらめ」といったニュアンスを暗示した上で、既出情報を後文脈でさらに展開する。

以上の考察内容をまとめると次のようになる。

“好”：①相手の提案や依頼、命令に対して好意的に受け入れ、「賛成」の態度または「承諾」の意志を表明する。丁寧さの度合いは“行”より高い。

②相手の発話を前提とせず、自分の発話の途中で用いる時、それまでの発話内容を一区切りにし、新規話題を導入する「つなぎ語」となる。

“行”：①相手の要求に対し、「承諾」の意志を表明する。丁寧さの度合いは“好”より低い。

②相手の発話を前提とし、自分の発話の途中で用いる時、相手の発話内容に対して「消極的な受け入れ」を見せながら、「妥協」「あきらめ」といったニュアンスを暗示し、既出情報をさらに展開する「つなぎ語」となる。

3. “好了”と“行了”が応答に用いる時

“好”と“行”はそれぞれの後に助詞“了”を加え、(8)と(9)が示すように会話の中で応答表現として使用される場合が多い。

(8) 少杰畏缩的先回答母亲：“我忘了带参考书，所以……”“**好了**，你先告诉我柔娃去哪里了？”韩宝玉不耐烦地打断。

（CCL《我有一个梦未醒》）

（少傑はたじろぎながら答えた。「参考書を忘れたから…」「それはいいから。先に柔娃がどこに行ったかを教えて。」韓宝玉は面倒くさそうに少傑の話を遮った。)

(9) 潘自仁说："你一定要相信我，我要是骗你就让雷劈了我。"若兰笑了，她说：**"行了**，你先让我专心开车好不好？"

(CCL《再婚家庭》)

(「僕を信じてください。もし僕が嘘をついたら雷に打たれてもいいよ。」と潘自仁が言った。若蘭はそれを聞いて笑いながら言った。「もういいから。とりあえず運転に集中させてくれる？」)

(8)は"忘了带参考书"(参考書を忘れた)と説明する相手"少杰"の行為に対し、話し手"韩宝玉"は"好了"を用いて「行為の終結」を求めている。そして(9)は"你一定要相信我"(僕を信じてほしい)と懇願する相手"潘自仁"の行為に対し、話し手"若兰"は"行了"で「行為の終結」を要請している。このことは(8)と(9)の後続発話によって裏付けられている。

(8)と(9)を見ると、"好了"と"行了"は意味機能において類似しているが、BCCコーパスを使ってそれぞれの使用状況を調べてみると、"好了"の用例数は"行了"より圧倒的に多い[7]。この差は実際の言語使用場面で、人々は"行了"より"好了"を好んで選ぶ傾向が強いことを語っている。

応答表現は相手の発話を受けての反応を示すものであるため、先行する相手の発話内容との関係に注目して分析することは勿論であるが、後続の文脈との関係を考察する観点も必要であり、重要である。本章ではこういった考えに基づき、"好了"と"行了"の意味機能の規定を試み、両者の使用における差が生じる原因を探る。

7 BCCで調べた結果、"好了"の用例数は合計4244例で、"行了"の用例数は合計259例だった。

4. “好了”の後続文脈

4.1 禁止命令文が後続する場合

(10) “……嘉和，我工作的事情怎么说？”
“这段时间太忙，过一阶段吧。”
“过一阶段，过一阶段，再过几个一阶段，我都快成老太婆了。”
“**好了**，小南，别闹了，晚上回家再说。”
(电视剧《不要和陌生人说话》)
(「……嘉和さん、私の仕事のことはどうなの？」)
(「最近忙しいから。そのうちに。」)
(「そのうち、そのうちって。そのうちが何回か重なって行くうちに私はお婆ちゃんになってしまうのよ。」)
(「わかった、小南、わがままを言わないで。夜家に帰ってから話そう。」)

“好了”の後文脈“小南，别闹了”は否定副詞“别”を用いた禁止命令文で、相手“小南”の進行中の行為“闹”に対しこれ以上続かないよう「制止」をしている。“好了”は相手“小南”の進行中の行為“闹”の終了を求める「行為終結要請」[8]機能を果たすと考えられる。

“好了”は次の(11)のように、反復使用[9]が可能である。

---

8 彭伶楠 2005 では、応答に用いる“好了”を「完了」を表す語気詞と規定し、「完了」の語気は結果補語としての“好了”が持つ「結果義、或いは完全義」に由来すると指摘している。尤素梅 2018 では、「完了義、完成義」を持つ“好”は動詞の後について補語となり、動詞の「完成義」を強める働きをし、動詞を省略した“好了”は聞き手との相互作用の中で、「完了義、完成義」から「阻止、否定、譲歩」の意味に変化したと述べている。

9 Gil 2005 では言語要素の「繰り返し」(iteration) をその意味や形式的な特徴の違いから「重複」(reduplication) と「反復」(repetition) の 2 つに区分し、「重複」は語の内部現象であり、「反復」は語を超えて生じる統語・談話現象であるとした。

(11) “依萍，”他打断了我，皱着眉说：“你怎么变得这样小心眼？学得如此刻薄！”“我刻薄？”我挑起了眉毛。**“好了，好了，”**他立即偃旗息鼓：“算我说错了，我道歉，别生气，小姐，最好我们别再吵架了。” (BCC《烟雨濛濛》)
(彼は私の話を遮り、不快げに言った。「依萍、きみがこんなに心の狭い人になったとは！こんなに冷酷な人になったとは！」「私が冷酷だと？」私は少し怒った。すると彼はすぐに謝り始めた。「わかった、わかった。僕の言い間違いだ。謝るから怒らないで。私たちもう口げんかはやめよう。」)

“好了”を反復使用した後に禁止命令文の“别生气”を含んだ文脈が続く。相手“依萍”の“我刻薄？”という問い返しは「私を冷酷な人と言うべきではない」を意味し、“我挑起了眉毛”という眼前の状態は相手“依萍”が怒っていることを物語っていると話し手“他”が判断したため、“好了”を用いて相手に「怒る行為の終結を求める」と考えられる。“好了”の反復使用は「行為終結要請」の度合いを強調する効果があり、これによって話し手の意図がより的確に相手に伝達される。

“好了”に後続する禁止命令文は“别”以外に“不要”や“不用”などを用いた例も多数観察されたが、禁止命令文の役割は「行為がこれ以上続かないよう制止する」ことであり、“好了”は「行為を終結させる」働きをする。

4.2 禁止命令文以外の文が後続する場合

(12) 她用一种夸张的悲哀的态度说：“蓝采，我失恋了。”**“好了，好了，”**我说：“你的玩笑开够了没有？” (BCC《剪剪风》)
(彼女は大げさなほど悲しい表情を浮かべながら言った。「藍采、私振られたわ。」それを聞いて私は「もういい加減に冗談はやめたら。」と返した。)

反復使用の“好了”に後続する“你的玩笑开够了没有？”は形式的には質問文であるが、相手の答えを求めない反語文である。反語文は疑問文の形式で、否定詞がない場合は否定の事態を、否定詞がある場合は肯定の事態を強く主張する表現形式であるため、“你的玩笑开够了没有？”は“你的玩笑开够了＝你不要继续开玩笑”（冗談はもう十分言った＝これ以上冗談を言わないでください）といった禁止命令文の機能を果たしている。話し手“蓝采＝我”は相手“她”の発話内容から相手の行為を“开玩笑”（冗談を言う）と判断し、“好了，好了”は相手の“开玩笑”という行為に対する強い「終結要請」である。

(13) 他望望自己的手：“我以为我的手是没有毒的。”“**好了**，”我转过身子。“我要回房去休息了。” （BCC《寒烟翠》）
（彼は自分の手を見ながら言った。「俺の手に毒はついていないと思っていた。」私はそっぽを向いて「もういいから。私は部屋に戻って休むわ。」と言った。）

“好了”の後文脈“我要回房去休息了”（私は部屋に戻って休む）は否定副詞が現れていない平叙文で、話し手“我”がこれから行う動作・行為について予告する内容である。“好了”は相手の“说”（話す）という行為に対して「終結要請」を行い、その後別の話題を導入している。

4.3 「終結要請」と「一時中止要請」

(10)～(13)の“好了”は行為の終結要請であるが、(14)(15)では、相手の行為に対し一時中止を求めている。

(14) 他一把抓住了她的手腕：“如果你不懂，你就是白痴！”“**好了**，凌风，”小蝉凝视着他：“你说了这么多，又吼又叫的，现在我倒要问问你，谁说我要订婚了？” （BCC《女朋友》）
（凌風は小蝉の手首を捕まえて「わからなかったらきみはばかだ。」と言った。「もうやめて、凌風さん。大声で叫んだりして、いっぱい話したけど、今度は逆に私から聞きたいことがある。私が婚約するって誰から聞いたの？」小蝉は凌風をじっと見つめながら聞いた。）

（15）“不懂，像咱们这样的普通人，哪懂那玩艺儿啊，命运是个啥东西啊？”“**好了**，换个话题吧，别在这儿谈命运，听着怪吓人的。”（BCC《比如女人》）
（「俺たちのような普通の人間にそんなことわかるものか。運命って何物？」「もうやめよう。別の話題に変えよう。ここで運命のことなんか語るな、恐ろしいから。」）

（14）と（15）の“好了”は、相手の進行中の行為“说 / 谈”（話す / 語る）に対する完全な「終結要請」というより、「一時中止要請」と解釈した方が妥当であろう。（14）の場合、後文脈“现在我倒要问问你，谁说我要订婚了？”は、話し手“小蝉”が相手“凌风”に対し情報提供を要請しているため、相手“凌风”の“说”（話す）という行為の継続は許され、求められるのは“说”の内容変更である。そして（15）の場合、“好了”の後に“换个话题吧”（別の話題に変えよう）が続くため、相手の“谈”（語る）という行為の続行は認められ、要請されているのは話題の転換のみである。

5. “行了”の後続文脈

“行了”は後続文脈の形式的特徴、反復使用、意味機能などにおいて“好了”と多くの共通性が見られる。

5.1 禁止命令文が後続する場合

（16）“骚瑞。”“**行了**，别卖你那几句英语，我不懂英语都听懂了。”（BCC《刘慧芳》）
（「ソーリー。」「もういいから。英語が少しできるからってひけらかさないでよ。英語がわからない私だってわかるから。」）

“行了”の後は否定副詞“别”を伴った禁止命令文“别卖你那几句英语”が続く。“行了”は相手の“卖弄英语”（英語をひけらかす）という行為に対し「もう十分である」と判断した上での「終結要請」である。

（17） 冷傲忽然握起月牙儿的纤手，“小心些，别让我担心。”其实他早担心不已，任谁都看得出来。“放心吧！我有月牙炼做护身符，再说，还有这老狐狸保护我，不会有事的。”她嫣然笑道。“嗯。”南宫旭吃味道：**“行了，行了，**又不是生离死别，别那么肉麻兮兮的，听得我不顺耳。” （BCC《笑傲月牙情》）
（冷傲は突然月牙児の細い手を握りながら「気をつけて。心配させるなよ。」と言った。しかし実際のところ冷傲の心配は皆の目にはっきりと映っていた。「安心して。月牙錬というお守りがあるし、この人が守ってくれるから大丈夫よ。」月牙児はにっこりと笑いながら答えた。「うん、もういい加減にしろ。永遠の別れでもないし、気持ち悪いからやめて。」南宮旭は隣でやきもちを焼いていた。）

話し手“南宫旭”は2人の相手（“冷傲”と“月牙儿”）のやりとりを見て「もう十分である」と判断し、“行了”の反復形を用いてその行為（やりとり）の終結を求めている。その後、否定副詞“别”を伴った禁止命令文“别那么肉麻兮兮的”でその行為が続かないよう要請している。

5.2 禁止命令文以外の文が後続する場合

“行了”は“好了”と同様に、後に反語文が続く例が見られる。

（18） “哎哟，这故宫真雄伟真壮丽，天黑得什么都看不清瞅着还那么激动人心。你说咱古代劳动人民怎么就那么勤劳智慧？想起来我就骄傲我就自豪，怎么我就成了中国人了？”于观仍絮叨不休，触景生情。**“行了，**你夸故宫它哪儿听得见？”

（BCC《你不是一个俗人》）

（「まあ、故宮は本当に壮大で美しい。暗くなってはっきり見えなくても感動するもんだ。中国古代の人々は実に勤勉で知恵に富んでいる。俺は中国人であることを誇りに思っているよ。」于観は目の前の情景を見ながらくどくどと話し続けた。「もうやめろよ。故宮は褒められてもわからないだろう。」）

“行了”の後文脈“你夸故宫它哪儿听得见”は「故宮を褒めても故宮は聞こえない＝故宮を褒めても意味がない、これ以上褒めるな」という意味を表す反語文である。その前に話し手は“行了”を用いて、相手“于观”の“夸故宫”（故宮を褒める）という行為に対し、「もう十分だ、これ以上継続する必要がない」と「終結要請」を行なっている。

（19）　菱子见她已是浓衣淡妆。“去哪呀，要不要我陪你？”**“行了，**你倒像我妈似的。”说着话，叶秀毓便走了。

（BCC《看太阳落下又升起》）

（菱子は身だしなみを整えた葉秀毓を見て「どこに行くの？一緒に行ってあげようか？」と聞いた。「やめてよ。まるでうちの母のようだね。」そう言いながら葉秀毓は出て行った。）

“行了”の後文脈“你倒像我妈似的”（まるでうちの母のようだ）は否定詞を伴わない平叙文であり、相手“菱子”の細かく詮索する（質問する）行為に対する「否定的態度」を表すと解釈できる。“行了”は話し手“叶秀毓”が相手“菱子”に対し、詮索行為は「そこまでで良い」と終止符を打つよう「終結要請」として機能する。

ここで、4と5で考察した内容を表1にまとめて示す。

表 1

文法的特徴、意味機能	好了	行了
禁止命令文が後続する	○	○
反語文やその他の文が後続する	○	○
相手の行為に対する「終結要請」	○	○
相手の行為に対する「一時中止要請」	○	×

“好了”と“行了”の間には共通点が多いにもかかわらず、両者は使用において差が大きいこと、そして“行了”が「一時中止要請」として機能しないことが確認できた。

6. “好了”はなぜ好まれるのか：共起成分から

話し手が“好了”と“行了”を用いる際、「どのような動作・行為を、どのように取り組みながら発話しているか」を調べるため、共起する動詞とその修飾語を調べてみた。

まず“好了”を用いる時、話し手の動作・行為を表す動詞に最も多かったのが“说 / 道”（話す / 言う）である。それ以外には“安慰”（慰める）“安抚”（落ち着かせ慰める）“劝”（忠告する）“打圆场”（仲裁する）などといったポジティブな意味を含意するものと、“喝”（hè、怒鳴る）“反驳”（反駁する）“阻止”（制止する）“打断”（中断する）などといったネガティブな意味を含意するものが観察された。

次に、上記の動詞につく修飾語も同じようにポジティブな描写とネガティブな描写が見られたが、具体的には、“满意”（満足する）“温柔”（優しい）“笑嘻嘻”（にこにこしている）“微笑”（微笑む）“柔声”（優しい声）“轻声”（小さい声）などと、“冷冷”（冷たく～）“厌倦”（嫌になる）“气愤”（憤慨する）“悻悻”（ぷんぷんしている）“厉声”（厳しい口調）“皱眉”（不機嫌である）“叹气”（ため息をする）などが挙げられる。また、“好了”が「“笑”を含んだ連用修飾語＋ VP」（例：笑嘻嘻地说～）という形式と共起する用例は、「“气”を含んだ連用修飾語＋VP」（例：气愤地说～）という形式と共起する用例より圧倒的に多く観察された[10]。

一方、“行了”の場合、話し手の動作・行為を表す動詞に“说 / 道”（話す / 言う）が多く使われている点は“好了”と共通している。それ以外の動詞は“劝”（忠告する）“喝”（怒鳴る）“嚷”（大声で叫ぶ）“怒”（怒る）などが挙げられるが、全体的に“好了”より動詞のバリエーションが少なく、「慰める」意味を含んだ動詞ともあまり共起しない[11]。そして動詞につく修飾語は“好了”と同じように、“满意”（満足する）“愉快”（嬉しい）“诚恳”（真心がこもっている）“温柔”（優しい）“笑嘻嘻”（にこにこしている）などといったポジティブな描写と、“冷冷”（冷たく～）“叹气”（ため息をつく）“嘲讽”（皮肉る）“不耐烦”（うるさがる）“生硬”（ぶっきらぼうである）などといったネガティブな描写が見られた。また、“行了”が「“笑”を含んだ連用修飾語＋VP」という形式と共起する用例は、「“气”を含んだ連用修飾語＋VP」という形式と共起する用例より多いが、“好了”ほどの大差はなかったことも確認できている[12]。

以上の考察から、“好了”は“行了”より、相手（の発話内容や行為）に対する話し手の配慮が汲み取れるため、相手のフェイスを脅かさず、円滑なコミュニケーションを維持させるために多く使用される傾向があると言えよう。そして「相手に対する配慮」といった機能は“好”が持つ「プラス評価」の意味から導き出され[13]、助詞“了”との結合により実質的意味が相手の発話内容や動作・行為に対する話し手の主観的態度を表す主観

10　BCC で検索をかけたところ、「“笑”を含んだ連用修飾語＋VP」形式と共起する用例は 251 例で、「“气”を含んだ連用修飾語＋VP」形式と共起する用例は 8 例だった。

11　“安慰”と共起する用例は 1 例のみで、“安抚”“打圆场”と共起する用例は見当たらなかった。

12　「“笑”を含んだ連用修飾語＋VP」という形式と共起する用例は 21 例で、「“气”を含んだ連用修飾語＋VP」という形式と共起する用例は 4 例あった。

13　尤素梅 2018 で指摘した補語としての“好”の「完了義、完成義」も、彭伶楠 2005 で指摘した補語としての“好了”の「結果義、完成義」も、形容詞“好”に付随する「プラス評価」の意味が維持されていると筆者は考えている。

的意味へと変化する、つまり「間主観化[14]（Intersubjectification)」の段階に進んだ表現であると言える。

7.「割り込み」機能

会話の中で、相手の発話が完全に終わる前に、話し手は“好了”と“行了”を用いて自分の発話を開始することができる。実際BCCコーパスで検索したところ、相手の発話に割り込む形で用いる例は“好了”が48例、“行了”が12例観察された。この節では両者による「割り込み」が生じる場面、それぞれの「割り込み」の特徴について考察する。

7.1 “好了”による「割り込み」

“好了”による割り込みは、相手の発話内容が予測可能、相手への不満表示、話題転換といった3つの場面で発生する。

(20) “我个人认为自己表现良好。人狱8年来，我改掉了一切恶习。从来不抽烟不喝酒，也从来没跟犯人打过架吵过嘴。我自觉服从改造，认真学习法规，劳动积极，尊重领导。8年来没有犯过一次错误，没有受到过一次处分，没有关过一次禁闭。操行评定每年都是高分，病了也坚持劳动……”**“好了**，”罗维民打断了他的话，“表现这么好，为什么一直没减刑？”

(BCC《十面埋伏》)

(「私は自分はよくやっていると思っている。入所して8年間、私は全ての悪習をすっかり改めた。タバコもお酒もやめ、けんかもしたことがない。私は更生に励み、真面目に法律と規則について学習し、積極的に労働に従事し、教官の指示によ

14 小野寺2011、p75では、「間主観化とは、主観化を基盤にして、さらにコミュニケーション（相互作用）の中で用いられる機能・意味を帯びていく変遷を指す」と述べている。

く従った。この8年間、過ちを犯したこともなければ、処罰を受けたことも外出禁止になったこともない。毎年の品行評定でも高得点を取り、体調が悪くても労働を続けて…」「もういいだろう。」羅維民は彼の話を遮り、「こんなに頑張っているのになぜ今まで減刑されなかったの？」と聞いた。)

話し手“罗维民”が相手“他”の発話を中断したのは、それまでの発話内容から後続する発話も「彼が刑務所で一生懸命頑張っているに関する内容であろう」と予測できるからである。このような場面で“好了”を用いて割り込むと、相手の発話内容に対して「理解や了承」を示した上で相手の「話す」行為の一時中止を求め、話し手がターン（発話順番）を取って会話の展開が停滞しないよう働きかけることができる。

“好了”による割り込みは、(21)(22)が示すように、相手の発話内容や相手の行為に不満を表す場面でも見られる。

(21) “…人活着，就得对生命负责任，生命像一支蜡烛，燃一分钟，发一分钟的光，燃一天，发一天的光，直到蜡烛烧完的那一”**“好了，”**皓皓不耐的走了过来，粗鲁的打断了中枏：“把你的生命啦，蜡烛啦，责任啦，全收起来吧，现在不是你上课的时候。…” (BCC《菟丝花》)
(「…人は生きている以上、命に対して責任感を持つべきだ。命は一本の蝋燭のように、燃えているうちはずっと光を出している。燃え尽きるまでの…」「もういいよ。命だの、蝋燭だの、責任だの、全部やめて。今は授業じゃないんだから…」皓皓は荒っぽい口調で中枏の話を中断させた。)

“好了”の後文脈“把你的生命啦，蜡烛啦，责任啦，全收起来吧”（命だの、蝋燭だの、責任だの、全部やめて）から、話し手“皓皓”が相手“中枏”の発話内容に対し否定的であることが読み取れる。そこで話し手は“好了”を用いて相手の発話に割り込み、相手の「話す」行為の終結を求めるのである。

(22)　“何处长，如果这几个地方的情况都是真的，问题可就严重了……”**“好了，**”何波打断了史元杰的话。“以后尽量不要在电话上手机上说这些事情。你马上过来一下，咱们见面再谈。”

（BCC《十面埋伏》）

（「何部長、このいくつかの地域の状況が本当ならば、大変なことに…」「わかった。」何波は史元傑の話を遮り、続けて言った。「このようなことは今後電話や携帯電話で話さないように。すぐ私のところに来てください。会ってから話そう。」）

“好了”に後続する文脈“以后尽量不要在电话上手机上说这些事情”（今後電話や携帯電話で話さないように）の意味から、話し手“何波”は相手“史元杰”の発話内容を否定しているのではなく、“在电话上手机上说这些事情”（電話や携帯電話でその話をする）という行為が妥当ではないと判断していることがわかる。そこで話し手は“好了”を用いて相手の発話に割り込む形で、妥当性に欠ける行為の終結を求めているのである。

そして“好了”による「割り込み」が発生する3つ目の場面は、話し手が相手の発話内容と異なる話題の転換を試みる時である。

(23)　“可是我也伤害过你，要是……”**“好了，**我们先不谈这个。你怎么样？”刘云打断了娄红，像大姐姐老朋友一样询问着。

（BCC《比如女人》

（「でも私もあなたを傷つけたことがあるし、もし…」「やめよう、この話は。最近どう？」劉雲は婁紅の話を遮り、お姉さんのように、親友のように尋ねた。）

“好了”の前文脈は、相手“娄红”が話し手“刘云”に謝っている内容である。話し手は相手の発話が完全に終わらないうちに、“好了”を用いて一旦打ち切り、後文脈“你怎么样？”（あなたはどう？）で話題を相手のことに転換している。

7.2 “行了”による「割り込み」

“行了”を用いた「割り込み」は、相手の発話内容が予測可能と相手への不満表示の場面が観察され、話題転換の用例は見当たらなかった。

(24) “他要是说见你，你就说估计半个小时就到，如果他说今天不想见了，明天再说，那岂不是正中咱们下怀……”**“行了，**我知道我该怎么说。”史元杰打断了魏德华的话，但心里却在考虑着，也许这个办法还真的可行。 (BCC《十面埋伏》)
(「彼がきみに会いたいと言ってきたら、およそ30分で着くと教えてあげて。もし彼が今日ではなく明日会いたいと言ってきたら、ちょうど私たちの思う通りに…」「もういい。どう言うべきかわかっているから。」史元傑は魏徳華の話を遮り、この方法はいけるかもしれないと心の中で思った。)

“行了”に後続する“我知道我该怎么说”（どう言うべきかわかっている）の意味から、話し手“史元杰”が相手“魏德华”の発話内容の続きを予測でき、これ以上発話が続いても実質的意味が薄れるため、“行了”を用いて割り込み、相手の「話す」行為に終結を求めていることが読み取れる。

そして相手への不満表示の場面でも“行了”を用いて割り込むことが可能である。

(25) 贾部长正满脸怒气地走进会议室，刚坐到椅子上就盯住方局长问道：“为什么取消节目？”方局长小心地答道：“是因为登陆舱出了故障……”**“行了，**”贾部长打断他的话，吼着训斥道，“什么故障？这是事故！起飞前就几次让你们检查，结果还是出了问题，你们是怎么检查的？” (BCC《土星着陆》)
(賈部長は怒りに満ちた表情を浮かべながら会議室に入ってき

て椅子に座った。そしてすぐに方局長を見ながら聞いた。「なぜイベントを中止した？」「着陸船の故障で…」方局長は慎重に答え始めた。「もういい。故障だと？これは事故だ！離陸する前に点検しろと何度も言ったはずなのに結局ドラブルが起こった。ちゃんと点検したのか？」）

相手“方局长”はイベント中止の理由が“是因为登陆舱出了故障……”（着陸船の故障による）と説明し始めている。それに対し、話し手“贾部长”の認識は相手と違って、“什么故障？这是事故！”（故障ではなく事故である）と思っている。従って(25)の“行了”は相手の発話内容に対する否定として捉えることができる。

“行了”はまた(26)のように、相手の行為に対して否定的態度を表す場面で「割り込み」に用いることができる。

(26)　“唉，多少年没来这儿吃饭了，这红烧鱼块还是以前的味道……想想真叫人掉泪……”**“行了，**李致，你怎么跟中文系的小男生似的？”　（BCC《痕迹》）
（「ああ、ここで食事するのは何年ぶりだろう。この魚の醤油煮は昔の味のままだ…涙が出るわ…」「やめてよ、李致。まるで中文科の学生みたいだぞ。」）

“行了”の後文脈“跟中文系的小男生似的”（中文科の学生みたいだ）は「中文科の学生のように感傷的になりやすい」という意味である。話し手は、数年ぶりにそこで食事していることを感慨深く語っている相手“李致”の行為を否定的に捉え、“行了”を用いて割り込み、その行為の終結を相手に要請しているのである。

以上考察した内容を表２にまとめる。

表2

「割り込み」機能	好了	行了
相手の発話内容が予測可能	○	○
相手への不満表示	○	○
話題転換	○	×

7.3 「話題転換」と「一時中止要請」

2.1で“好”は、「相手の発話を前提とせず、自分の発話の途中で用いる時、それまでの発話内容を一区切りにし、新規話題を導入する「つなぎ語」となる」という特徴を持つと指摘している。“好了”が話題転換に用いられるのも“好”のこういった機能が維持されていると筆者は考えている。

一方、2.2で“行”は、「相手の発話を前提とし、自分の発話の途中で用いる時、相手の発話内容に対して「消極的な受け入れ」を見せながら、実際は「妥協」「あきらめ」といったニュアンスを暗示し、既出情報をさらに展開する「つなぎ語」となる」という特徴を有すると指摘している。既出情報のさらなる展開は、談話の構築においては、前の話題の継続を意味し、新しい話題の導入つまり話題転換ではない。“行了”が話題転換に用いられないことは“行”のこういった機能が維持されていることを示唆している。そして一般的に話題転換を行う場合、話し手は相手の発話行為を一旦中止させてターンを取り、新規話題を提示した後、相手の発話行為の再開を求める。“行了”が「一時中止要請」機能を果たさないのも、(“行了”が）話題転換に用いないことが理由であろう。

参考文献

李小军 2009.〈语气词“好了”的话语功能〉,《世界汉语教学》(4), pp465-474.
吕叔湘 1980.《现代汉语八百词》商务印书馆
彭伶楠 2005.〈“好了”的词化、分化和虚化〉,《语言科学》(3), pp74-80.
王珏 2012.〈现代汉语语气词的界定标准〉,《徐州师范大学学报（哲学社会科学版）》(6), pp58-65.

现代汉语大词典编辑委员会 2010.《现代汉语大词典》上海辞书出版社

尤素梅 2018.〈话语标记“好了”在语境中的主观化及叹词化〉,《现代语言学》(2), pp247–252.

中国社会科学院语言研究所词典编辑室 2005.《现代汉语词典》第 5 版 商务印书馆

小野寺典子 2011.「談話標識（ディスコースマーカー）の歴史的発達　英日語に見られる（間）主観化」,『歴史語用論入門』大修館書店, pp73-90.

森山卓郎 1989.「応答と談話管理システム」,『阪大日本語研究』No1, pp63–88.

山梨正明 1986.『発話行為』（新英文法選書第 12 巻）大修館書店

李貞愛 2005.「中国語の応答表現“好了”と“行了”について」『桜美林言語教育論叢』Vo1(1), pp41–60.

Gil, David. 2005. From Repetition to Reduplication in Riau Indonesian. In *Studies on Reduplication,* ed. Bernhard Hurch, pp31–64. Berlin: Mouton de Gruyter

Schiffrin, D. 1987. *Discourse Markers.* Cambridge: Cambridge University Press

Traugott,E.C. & Dasher,R.B. 2002. *Regularity in Semantic Change.* London:Cambridge University Press

心的世界との対照から見る仮定条件文[1]

1. はじめに

中国語の条件文に関する議論は、命題における仮定と確定の対立、順接と逆接の対立など論理的意味関係を究明するものが多いが、後件事態成立への期待性の有無というモダリティの観点からのアプローチもある。本章では仮定条件文（“假设句”）を考察対象とし、仮定条件文はある事柄に対する話し手の認識と心的世界を言語化したものであると考える。Langacker (1991)では、「基本的な認識モデル（Basic Epistemic Model)」によって「現実性（reality)」と「非現実性（irreality)」という2つの領域を提示し、「現実性」とは話し手によって「現実的（real)」と認められる状況または事態と定義している[2]。これに従うと仮定条件文は話し手が非現実性の状況または事態を仮定することになるが、非現実性には、これから発生し現実になる可能性がある状況と、過去または現在の事実に反する状況が含まれる。そして非現実性の状況または事態の仮定は、話し手の心的世界と現実世界との関係、話し手の心的世界と仮想世界との関係を反映していると言える。本章はこういった観点に基づいて考察を行う。

2. 中国語における仮定条件文

（1） 我**要**不相信你，我**就**不会把这个话告诉你了。

---

1 本章は、李貞愛 2005.「中国語における否定の一形式─条件文の否定的解釈─」，『山梨英和大学紀要』(4)，pp89-104. を元に加筆修正をしたものである。

2 Langacker, R. W. 1991、pp245-246。

（あなたを信じていなかったら、この話を教えなかったはずだ。）
(2)　你**要**见到她，给我传个信，说我回来了。
（彼女に会ったら、私が帰ってきたと伝えてください。）
（吕叔湘 1982《中国文法要略》）

吕叔湘(1982)によると、仮定条件文は、前句である仮定を設け、その仮定がもたらす結果を後句で表し、後句が事実になるかどうかは前句を条件とする。上記の例文で言うと、(1)で話し手がすでに“这个话”（この話）を聞き手に教えたにもかかわらず、あえて事実に反する仮定“我不相信你”（あなたを信じていない）を設けている。一方、(2)の“你见到她”（あなたが彼女に会う）は事実になる可能性があると見做される仮定である。このように仮定条件文の前句で設けた仮定（命題内容）について言えば、(1)は反事実的仮定で、(2)は実現の可能性がある事態であり、本章では未来指向的仮定と呼ぶことにする。

中国語の仮定条件文は主に“如果～（就）～”“要（是）～（就）～”などを用いており、書き言葉では“假如”“倘若”“如”などがよく使われる。本章では“如果～（就）～”と“要是～（就）～”を考察対象とする。

3. 仮定条件文の前句が表す仮定

3.1　未来指向的仮定

未来指向的仮定とは、ある事態が実現するであろうと話し手が認識していることを前提とした仮定で、その事態が実現された場合、引き起こされる別の事態は後句で示す。“如果～（就）～”を用いた(3)(4)を見よう。

(3)　“你年纪轻轻的，**如果**有合适的人，你**就**按你的心意跟人家过日子吧。”　（路遥《平凡的世界》）
（「あなたはまだ若いし、もしいい人がいれば、その人と結婚する方がいい。」）

(4)　“所以我们目前的重点应该是专心学习，避免受到干扰。**如果**在学习期间情绪一再受到外在影响，最后可能会一事无成。”

（朱邦复《巴西狂欢节》）

(「ですから今私たちにとって一番大事なことは勉強に集中して、何事にも邪魔されないようにすることだ。もし勉強期間中他のことで気が散ったりすると何事も成し遂げることはできないだろう。」)

(3)は、話し手の発話時点において、聞き手にはまだ“合适的人”（いい人）がいない（あるいはいるかも知れないが、話し手はまだその情報を持っていない）。そこで話し手は“有合适的人”（いい人がいる）という実現可能な事態を仮定した上で、“跟人家过日子”（その人と結婚する）という事態（結果）が成立することを伝えている。話し手の発話から、聞き手にいい人と結婚してほしいという願望が読み取れる。一方、(4)は(3)と異なる。話し手は“在学习期间情绪一再受到外在影响”（勉強期間中他のことで気が散ったりする）という発生する可能性がある事態を仮定しているが、これが成立すれば“最后可能会一事无成”（最後は何事も成し遂げることはできない）という事態（結果）が引き起こされる。このような結果は話し手にとって望ましくないため、仮定する事態の実現を望まない話し手の心的態度が読み取れる。つまり(4)で話し手は未来指向的仮定の成立に対しては否定的である。

“要是～（就）～”も(5)(6)が示すように、未来指向的仮定に用いることが可能である。

(5)　孬舅：“这个决定我会做，只是如何摆脱他们，不与他们坐在一起，让我犯难。他们一步步向我走来，我**要是**当着众人狼狈逃窜，Party 上这么多人，也让人笑话。”

（刘震云《故乡的面和花朵》）

(孬舅：「これはわしが決める。ただどうやって彼らから逃れ、一緒に坐らずにいられるかが問題だ。彼らは一歩一歩近づいてくるし、もし人が大勢いるパーティでわしが逃げ出したりしたら、きっと笑われるに違いない。」）

(6) 陈清扬披头散发眼皮红肿地跑了来，劈头第一句话就是：你别怕。**要是**你瘫了，我照顾你一辈子。　　（王小波《黄金时代》）
（陳清揚は髪を振り乱し、目を赤く腫らして走ってきた。そして口を開いて言った最初の言葉が「怖がらないで。あなたが動けなくなったら、私が一生面倒見てあげるから。」だった。）

(5)で、話し手“孬舅”は“当着众人狼狈逃窜”（人が大勢いるパーティで逃げ出す）という事態の発生を仮定しているが、そのような事態になれば“让人笑话”（人々に笑われる）という話し手が不愉快な思いをするような結果がついてくる。そのため、話し手が実際伝えたいことは、実現の可能性がある仮定と相反する“我不能当着众人狼狈逃窜”（私は人が大勢いるパーティで逃げ出してはいけない）である。そして(6)では、話し手“陈清扬”が“你瘫了”（あなたが動けなくなる）を発生する可能性がある事態として仮定し、そうなった場合“我照顾你一辈子”（私が一生面倒見てあげる）という事態（結果）になることを聞き手に伝えている。仮定条件文を用いて「怖がる必要がない」理由を説明している。

3.2　反事実的仮定

益田(1993)によると、反事実的仮定は、条件文の前句で表されている仮定が事実に反しており、そのような仮定から行われる推論を断定する文(質問する場合も有る)[3] を指す。反事実的とは、現在または過去の事実に反することを指し、前句の仮定が表す命題内容が真ではなく偽であることを意味する。

(7) **如果**我当时的确觉得快乐，那么此刻**就**没有必要后悔。可是，我快乐吗？我任凭自己的感官发怔了一下，不仅当时没有获得满

3　益田 1993、p170。

足，此刻只有更觉空虚。（朱邦复《巴西狂欢节》）
（もしあの時私が本当に楽しかったならば、今ごろ後悔する必要もないだろう。しかし、私は本当に楽しかっただろうか。私はしばらくぼんやりしていた。あの時私は楽しくなかったし、今はなおただ虚しさを感じるだけだった。）

(8) 我听了这话，几乎要朝他肚子上打一枪。**如果**打了的话，恐怕会把他打死。那样多半我也活不到现在了。（王小波《黄金时代》）
（その話を聞いて私は彼の腹部に向けて銃で一発打つところだった。打ってしまったら彼は死んでいただろう。そうなったら私もまた今日まで生きてこられなかったはずである。）

(7)で“我当时的确觉得快乐”（あの時私が本当に楽しかった）が反事実的仮定と解釈されるのは、過ぎ去った“当时”（当時）のことを発話時点の現在において仮定しているためである。そして(8)の“如果打了的话”（もし打ったなら）は、先行文脈“几乎要朝他肚子上打一枪”（彼の腹に向けて銃で一発ぶっ放すところだった）がすでに「彼を打たなかった」ことを意味するため、前句の仮定が反事実的である解釈が成立するのである。
“要是”も反事実的仮定を導くことができる。

(9) 七巧道：“怎么不淘气呢？一家子都往我头上踩。我**要是**好欺负的，早就给作践死了。”（张爱玲《金锁记》）
（七巧は「いたずらっ子だよ。うちの家族は皆私をいじめているの。私がいじめられっぱなしだったら、もうとっくに死んでいたわ。」と言った。）

後句“早就给作践死了”は「もうとっくに死んでいた」の意味であるが、話し手“七巧”が発話している事実が後句の推論の不成立を含意し、前句の仮定“我是好期负的”（私はいじめられっぱなしだ）も事実に反していることがわかる。(10)も同様である。

（10）　**要是**按照他的学历、资历、技术、能力，早就该提主治或主任了。可是他还是一般医生。主要是因为他不屈不挠闹了八年离婚。　　（张欣《梧桐梧桐》）
（もし学歴、キャリア、技術、能力に基づいて評価していたら、彼はとっくに主治医か主任に昇格できたはずである。しかし彼は今も普通の医者である。彼が離婚のことで奥さんと8年も揉めていたからである。）

後句“早就该提主治或主任了”（とっくに主治医か主任に昇格できたはずである）は、“到现在也没提主治或主任”（今も主治医か主任に昇格していない）を含意し、さらに後文脈“他还是一般医生”（彼は今も普通の医者である）の意味から、前句の仮定“按照他的学历、资历、技术、能力”が反事実的であると解釈できる。

3.3　反事実的仮定の特徴

筆者は100万字[4]の文字データから“如果～（就）～”と“要是～（就）～”の使用例を合計326[5]例収集したが、未来指向的仮定と反事実的仮定のそれぞれの使用状況は表1に示す通りである。

表1

	用例数	未来指向的仮定	反事実的仮定
如果～（就）～	224	149	75
要是～（就）～	102	63	39
合計	326	212	114

そして反事実的仮定を表す114例を観察した結果、以下3つの特徴が

4　“亦凡公益图书馆”に登録された計100万字の作品を調べた。
5　このデータは仮定条件文の前句に否定詞が現れていないものに限る。

見られた。

3.3.1　文脈による提示

反事実的仮定であるかどうかは、仮定事態を表す前句に先行する文脈、または後句から推測できる。(8)を再度取り上げる。

(8)　我听了这话，几乎要朝他肚子上打一枪。**如果**打了的话，恐怕会把他打死。那样多半我也活不到现在了。　（王小波《黄金时代》）

仮定事態を表す前句“如果打了的话”の先行文脈“几乎要朝他肚子上打一枪”（彼の腹に向けて銃を一発打つところだった）が「実際打たなかった」を含意するため、前句の仮定事態が反事実的であると判断できる。

(11)　**要是**有一个人觉悟高一点早些报告政府，政府也会制止出这号事了。　（乔典运《香与香》）
（もし誰かが早く気づいて政府に報告していたら、政府側もこんなことにならないよう制止できたのに。）

後句“政府也会制止出这号事了”は“出这号事”が確定事実であるため、「政府は制止することができなかった」ことを含意する。後句の命題（結果）が不成立であるため、その結果を導く前句の仮定事態も事実に反している。

3.3.2　常識による判別

前句が反事実的仮定か否かは、常識によって判断できる場合がある。常識は一般人誰もが持っている普遍的な知識である。例えば「富士山」と言えば日本にあるということは誰でも持っている知識である。従って「富士山は中国にある」という命題は誰もが偽であると判断するのである。“如果”や“要是”を伴う前句が未来指向的仮定なのか反事実的仮定なのかを判断する時、この常識に頼る場合も少なくない。

(12)　**要是**坏人都承认自己是坏人，那天下也**就**太平了。

（王朔《我是狼》）

（もし悪人が皆自分は悪いと認めたら、この世の中も平和になるだろう。）

(13)　我**要是**树该多好，有生命有情丝，却没有伤怀没有烦恼。

（张欣《梧桐梧桐》）

（私が木だったらどんなにいいことだろう。生命と感情はあるが、悲しみと悩みはないから。）

(12)の“坏人都承认自己是坏人”が反事実的であると優先的に解釈されるのは、「この世の中で悪人は決して皆自分が悪いと認めるとは限らない」が社会通念として多くの人々の中に存在しているからである。そして(13)では“我是树”という事態が仮定されているが、人間はいくらなんでも木にはなれない（夢の世界や童話の世界なら別として）ということは一般の社会人が共通に持っている知識であるため、反事実的仮定として認識される。このように(12)と(13)は、人間の常識が働いているため、前句だけで反事実的仮定であると判断できる。

では話し手が常識に反する事態を仮定する意図は何だろうか。(12)では、前句の仮定事態“坏人都承认自己是坏人”（悪人は皆自分が悪いと認める）が成立すれば、“天下也就太平了”（この世の中も平和になる）が実現できることから、前句の仮定事態は話し手が望むものであることがわかる。しかし、前句の仮定事態が実現不可能であることを話し手は認識しているため、現実（悪人は自分が悪いと認めない）に対する無力さからあえて事実に反する仮定を設けていると考えられる。

このように、常識に反する事態を話し手が仮定するのは、「そうなればいいなあ」という話し手の強い願望や、「そうはなれない」という話し手の無力さなどといった主観的感情を表出することにある。

3.3.3　時間詞による提示

反事実的仮定は3.3.1と3.3.2で述べた前後の文脈提示、常識による判別以外に、文中、特に前句に現れることが多い時間詞による提示も見られる。

（14） **如果**他能活到今天，继续把他的事业做下去，他会出很大的成就，这一点我坚信不移。　（高行健《有只鸽子叫红唇儿》）
（もし彼が今日まで生きていて仕事を続けていれば、彼はきっと素晴らしい成績を成し遂げただろう。私はこの点については信じて疑わない。）

（15） **如果**当时我手里拿着什么的话，我一定会不顾一切地抡过去的。（周洁茹《周洁茹作品集》）
（もしあの時私が手に何かを持っていたら、きっと何も考えずに相手に向かっていっただろう。）

（16） **要是**十年前她碰到像秦雄那么个痴心汉子，也许她真的就嫁了。（白先勇《金大班的最后一夜》）
（もし10年前、彼女が秦雄のような一途な男に巡り会えていたら、彼女は本当に結婚していたかも知れない。）

(14)(15)(16)はいずれも前句に時間詞が現れている。まず(14)の“如果他能活到今天”は、話し手の発話時点が「今日」であることから、「彼はもう死んでいる」ことが推論でわかる。(14)の前句が“如果他能活到明天”（彼が明日までに生きていれば）なら、「彼は今日という発話時点においてまだ生きている」ことを含意するため、この仮定は反事実的ではなく、未来指向的仮定になる。

次に、(15)の前句では“当时”が用いられている。“当时”は明確な時間表現とは言い難いが、話し手の発話時点（現在）より前のある時点（かなり前の場合も考えられる）であることは確かである。発話時点前の事態はすでに発生した事態であるため、話し手の発話時点において仮定した“当时”の事態は反事実的であることに他ならない。

そして(16)の前句で用いた“十年前”は(15)の“当时”より明確な時間表現である。話し手の発話時点より「十年前」に起きた事は確定事態であるため、"要是十年前她碰到像秦雄那么个痴心汉子"（10年前、彼女が秦雄のような一途な男に巡り会えていたら）は事実に反した仮定事態として解釈できる。

4. 仮定条件文と話し手の心的世界

4.1 未来指向的仮定の場合

3.1で少し述べたが、前句が未来指向的仮定を表す条件文は、話し手が前句である事態を仮定し、その事態が成立すれば、後句で表す結果が生み出されるものである。しかし生み出される結果が話し手または聞き手にとって思わしくない場合、話し手の心的世界においては（前句の）仮定事態が成立しないことを望んでいる。

(17) "**要是**让坏人知道，派人来暗杀你曹伯伯怎么办？"

（刘琪《老知青们的故事》）

（「もし悪人たちに知られてきみの曹叔父さんを暗殺しに来たらどうするの？」）

話し手が仮定した事態"让坏人知道"（悪人たちに知られる）が成立すれば、"派人来暗杀你曹伯伯"（きみの曹叔父さんを暗殺しに来る）という聞き手にとって望ましくない結果の発生が見込まれる。従って話し手が伝えたい真の意味は仮定した事態の不成立、つまり"不能让坏人知道"（悪人たちに知られてはいけない）である。前掲の(4)も同様である。

(4) "所以我们目前的重点应该是专心学习，避免受到干扰。**如果**在学习期间情绪一再受到外在影响，最后可能会一事无成。"

（朱邦复《巴西狂欢节》）

話し手が仮定した事態"在学习期间情绪一再受到外在影响"の成立は"最后可能会一事无成"という悪い結果を招く可能性がある。この結果は話し手と聞き手にとって思わしくないため、話し手の中では“在学习期间情绪一再受到外在影响”の不成立を望んでいるのである。

上述した話し手の心的世界と仮想世界（未来指向的仮定で構築された非現実的世界）の対立を図で示すと次のようになる。

図 1

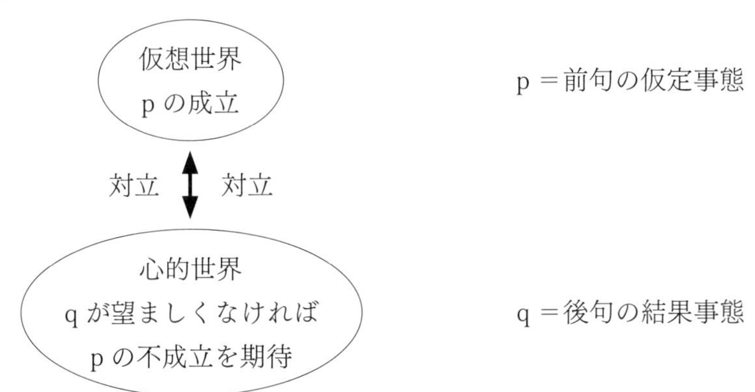

逆に話し手が仮定した事態が話し手または聞き手に望ましい結果をもたらすと予想される時、話し手の心的世界では仮定した事態の成立を期待していると言える。

（18） “**如果**你谨遵医嘱，我们可以在相当长的时间内控制你的病情不致持续恶化，这段时间可能三年、五年、七年或更长时间。”

（王朔《永失我爱》）

（「あなたが医者の指示に従えば、我々は相当長い間あなたの病気が悪化しないようコントロールすることができる。3 年、5 年、7 年、もしかするともっと長く生きられる。」）

話し手（医者）が仮定した事態“你谨遵医嘱”（あなたが医者の指示に従う）は、“可以在相当长的时间内控制你的病情不致持续恶化”（相当長い間あなたの病気が悪化しないようコントロールすることができる）という、聞き手にとって望ましい結果が生み出される可能性が見込まれる。この場合、話し手は仮定事態の成立を期待しているため、心的世界と仮想世界は一致する。図で示すと以下のようになる。

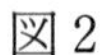
図 2

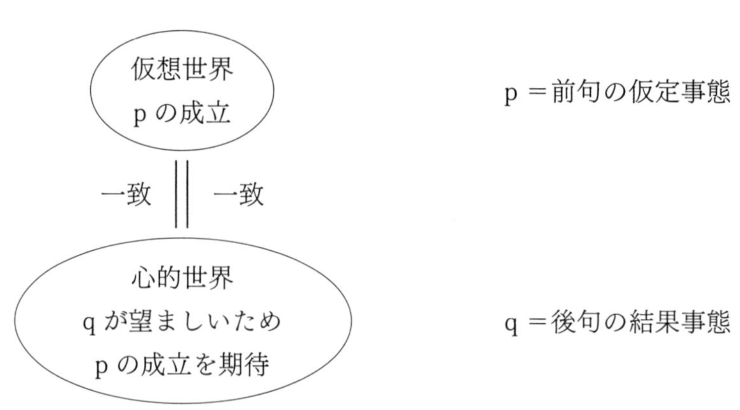

こうしてみると、前句で仮定した事態が生み出される結果の良し悪しによって、話し手の心的世界と仮想世界の関係が変化すると言える。

4.2　反事実的仮定の場合

3.2 で述べた通り、反事実的仮定の場合、話し手の発話時点においてすでにある確定された事実の存在が前提となるため、仮定された事態（命題）は実現の可能性が見込まれないものである。従って前句に否定詞を伴わない場合、発話時においてそのような事態が発生しなかった或いはそのような事態が存在しないことを意味する。

（19）　我**要是**早几个月知道这条消息，**就**可以多 1 ～ 2 千万的收入了。

（《文汇报 2003/09/21》）

（私がもし数ヶ月前にこの情報を把握していたら、1 ～ 2 千万元の収入が増えただろう。）

話し手は“早几个月知道这条消息”と仮定するが、発話時点の現在において明らかに仮定事態の成立が不可能であることを認識している。

(20) 亲爱的巧珍已经不在了！**如果**有她在，他也**就**不会像现在这样难受和痛苦了。 (路遥《人生》)
(愛する巧珍はもうこの世にいない。もし彼女がいれば、彼は今のように苦しんだりしなかっただろう。)

前句“如果有她在”に先行する文脈“亲爱的巧珍已经不在了”(愛する巧珍はもうこの世にいない) で、既に仮定した事態が反事実的であることを示している。

既存の事態による結果が話し手にとって望ましくないものである場合、反事実的仮定は話し手が望んでいる、実現してほしかった事態である。(19)で言うと、既存の事態は“我早几个月不知道这条消息”(数ヶ月前にこの情報を把握していなかった) であり、この既存の事態は“少了1～2千万的收入”(1～2千万元の収入が得られなかった) という話し手にとって思わしくない結果を招いている。(20)の場合、既存の事態は“巧珍已经不在了”(巧珍はもうこの世にいない) であり、この事態が「彼」を“难受和痛苦”(悲しみ苦しんでいる) という状態にさせている。(19)も(20)も、既存の事態が望ましくない結果を生み出しているため、話し手が望む結果を求めるには、あえて実現不可能な反事実的仮定をすることで、話し手の主観的感情を表出しているのである。従って(19)(20)は図3で示すように、現実世界 (既存の事態による結果で構築される世界) と、話し手の心的世界 (反事実的仮定で構築される世界) の対立を表している。

図3

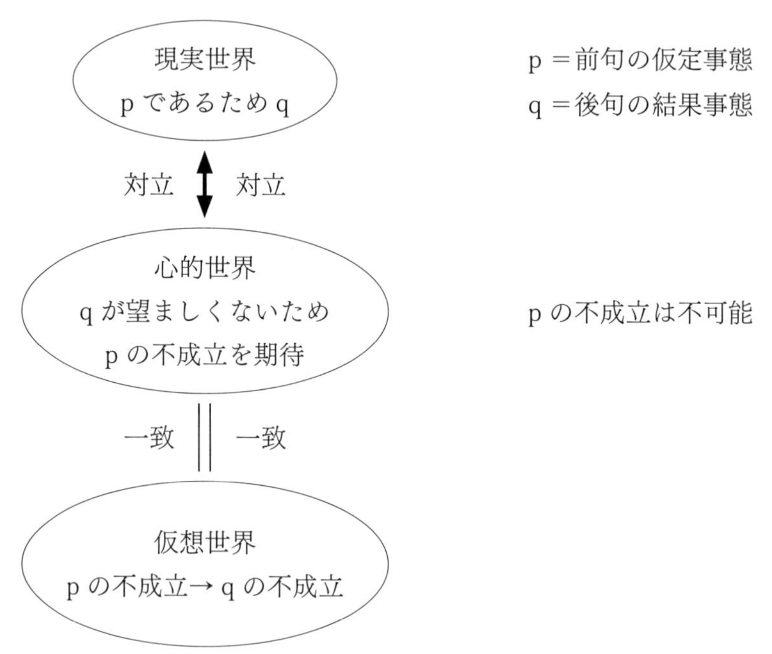

逆に、既存の事態による結果が話し手にとって望ましいものである場合、それに反する仮定事態は話し手が避けたい事態になる。前掲の(8)をもう一度取り上げる。」

(8) 我听了这话，几乎要朝他肚子打一枪。**如果**打了的话，恐怕会把他打死。那样多半我也活不到现在了。　（王小波《黄金时代》）

既存の事態は“我没朝他开枪”（私は彼を銃で打たなかった）で、この事態によって“我活到现在”（私は今も生きている）という話し手にとって望ましい結果になっている。しかし既存の事態に反する仮定事態“打了”（銃で打った）が成立すれば、“多半我也活不到现在了”（私もまた今日まで生きてこられなかった）という話し手にとって望ましくない結果を招いてしまうため、話し手の心的世界は仮想世界と対立し、現実世界と一致していることが読み取れる。図で示すと以下のようになる。

図4

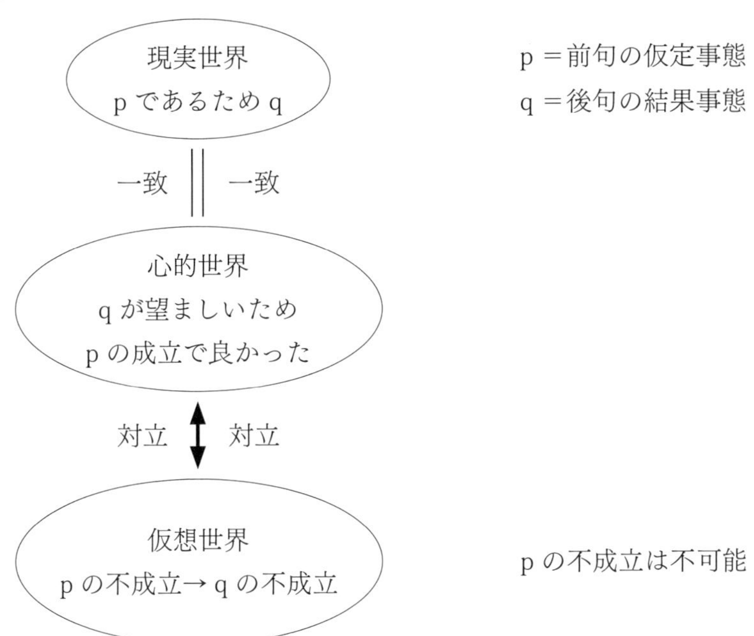

5. 仮定条件文と否定

ここまでの考察内容をまとめると表2のようになる。

表2

前句の仮定事態	後句の結果事態	話し手の心的世界との関係
未来指向的仮定	望ましくない	仮想世界と心的世界が対立
未来指向的仮定	望ましい	仮想世界と心的世界が一致
反事実的仮定	望ましくない	仮想世界と心的世界が対立 現実世界と心的世界が一致
反事実的仮定	望ましい	仮想世界と心的世界が一致 現実世界と心的世界が対立

表2からわかるように、仮定条件文の前句が未来指向的仮定で、その仮定が話し手または聞き手にとって望ましくない結果を引き起こす場合、話し手の心的世界は仮想世界を否定していると捉えられる。そして、仮定条件文の前句が反事実的仮定で、その仮定が話し手または聞き手にとって望ましくない結果を生み出す場合、話し手の心的世界は仮想世界を否定し、逆に望ましい結果を生み出す場合、話し手の心的世界は現実世界を否定していると考えられる。つまり、未来指向的仮定にせよ、反事実的仮定にせよ、非現実性の事態または状況の仮定は、仮想世界や現実世界に対する話し手の心的世界からの肯定または否定を表すと言えよう。

6. まとめ

仮定条件文は、前句で非現実性の事態または状況を仮定するが、それには話し手の心的世界と現実世界との関係、話し手の心的世界と仮想世界との関係が反映されている。前句で仮定する非現実性の事態または状況は、未来指向的と反事実的の2つに分類できるが、後句によって表される結果事態の良し悪しによって、話し手の心的世界と現実世界、話し手の心的世界と仮想世界の関係性が変化する。従って、仮定条件文はある事態に対する話し手の認識状況と心的世界の関わりを言語化するものと捉えられる。

参考文献

刘月华等 1983.《实用现代汉语语法》外语教学与研究出版社
吕叔湘 1942.《中国文法要略》(汉语语法丛书 商务印书馆 1982)
——— 1980.《现代汉语八百词》商务印书馆
井島正博 2003.「期待と対照の文法から見た条件文」,『言語』(3), pp26-32. 大修館書店
服部雅史 2002.「条件文推理における方向性」,『立命館人間科学研究』No3, pp1-13.
益岡隆志編 1993.『日本語の条件表現』くろしお出版
森山卓郎・仁田義雄・工藤浩 2000.『モダリティ』(日本語の文法 3) 岩波書店
李貞愛 2005.「中国語における否定の一形式—条件文の否定的解釈—」,『山梨英和大学紀要』(4), pp89-104.
Langacker, R. W. 1991. *Foundation of Cognitive Grammar*. Vol.2: *Descriptive Application*. Stanford: Stanford University Press

李貞愛（りていあい）

中国生まれ。お茶の水女子大学大学院人間文化研究科比較社会文化学専攻博士課程修了。博士（人文科学）。現在桜美林大学グローバル・コミュニケーション学群准教授。専門は中国語学、中国語教育。

現代中国語　潜在的否定表現の研究

2023年2月14日　初版発行

著　者　李　貞愛
発行者　原　雅久
発行所　株式会社　朝日出版社
101-0065 東京都千代田区西神田 3-3-5
電話（03）3263-3321（代表）
DTP：株式会社フォレスト
印刷：協友印刷株式会社

乱丁、落丁本はお取替えいたします。

ISBN978-4-255-01337-4 C0087